吴九箴／著

从心开始

图书在版编目（CIP）数据

从心开始/吴九箴著.—北京：华夏出版社，2015.7
ISBN 978-7-5080-8402-2

Ⅰ．①从…　Ⅱ．①吴…　Ⅲ．①人生哲学-通俗读物　Ⅳ．①B821-49

中国版本图书馆 CIP 数据核字（2015）第 054737 号

本书经作者吴九箴与台湾松果体智慧整合行销有限公司授权，同意在北京麦士达版权代理有限公司代理下，由华夏出版社出版发行中文简体字版本。非经书面同意，不得以任何形式任意重制、转载。

版权所有，翻印必究。
北京市版权局著作权合同登记号：图字 01-2011-0760

从心开始

作　者	吴九箴
责任编辑	梅　子
出版发行	华夏出版社
经　销	新华书店
印　刷	三河市少明印务有限公司
装　订	三河市少明印务有限公司
版　次	2015 年 7 月北京第 1 版 2015 年 7 月北京第 1 次印刷
开　本	880×1230　1/32 开
印　张	7.25
字　数	89 千字
定　价	32.00 元

华夏出版社　地址：北京市东直门外香河园北里 4 号　　邮编：100028
　　　　　　　网址：www.hxph.com.cn　　电话：(010)64663331（转）
若发现本版图书有印装质量问题，请与我社营销中心联系调换。

目　　录

作者的话

　　每个人身上,都藏有独一无二的开悟密码　/ 1

自　序

　　佛,只是教你自己救自己的觉悟者　/ 6

第一篇　人是佛的种子

　　没有"人",就没有佛法　/ 3

　　感谢上天,让我们有七情六欲　/ 10

　　佛经的"空"害了一堆人　/ 17

　　开悟,要像植物生长一样地自然　/ 24

　　烦恼,是最珍贵的成佛催化剂　/ 31

◎ 从心开始 ◎

佛是超越人,但又包含人的存在 / 38

不想当人,就无法成佛 / 45

藏在人体内的惊人秘密 / 52

真实不虚的天堂地狱 / 59

不要去管天界神界的事 / 67

人,只是未觉醒的佛种子 / 74

第二篇 你是独一无二的"待成佛者"

原地踏步的玩具兵 / 83

如果你还没找到自己,请不要学佛 / 90

地图不是实境,佛经也永远只是佛经 / 98

看时钟吃饭的傻子 / 106

围着路灯膜拜的人们 / 113

尽信佛法,不如从没学过佛 / 120

不要否定自己的一切 / 127

相信自己的身体和直觉 / 134

◎ 从心开始 ◎

幻觉，人生最甜美的陷阱 ／141

没有迷失过，就不知什么是觉醒 ／148

经历一切吧！所有好的坏的，都是宝藏 ／154

你是独一无二的"待成佛者" ／161

第三篇 学佛陀，但不要想成为悉达多

感谢悉达多帮我们缴了学费 ／171

悉达多的药，不见得适合所有人 ／178

没有感冒，为何要吃感冒药？ ／185

悉达多也曾犯过错 ／192

佛，只是个无法定义的名词 ／199

学佛陀，但不要想成为悉达多 ／206

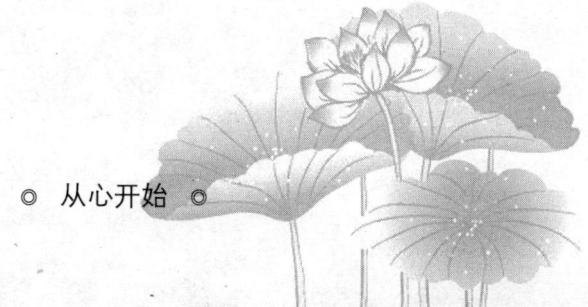

作者的话

每个人身上，都藏有独一无二的开悟密码

佛法的悟，是很个人的，是针对每个人细胞里的 DNA 而有所不同的。每个人都有自己的开悟途径和方法，这也是佛法为什么应该是自由而且自然的，是柔软宁静而不是偏执刻板的……

世上有多少人，就有多少种开悟方式。有人从没听过佛法，不懂佛理，在经历了人生各种苦乐滋味后，依然开悟了；有些人不吃素、不念经也可以开悟；有些人不识字，还是可以活在当下。有人喜欢念经，借着念

◎ 从心开始 ◎

经、诵经来让自己平静；有人喜欢布施，在付出的当下，得到无碍、喜悦……

在前往智慧彼岸的路途上，每个人都可以有自己的交通工具，没有对错的问题。即使大多数的人都习惯坐佛陀的佛筏来渡苦海，但如果你想游泳或坐直升机过去，也都可以。

只要能到彼岸，没有人规定你只能坐佛的筏，这也是佛所说的，有万千人就有万千法门。先不要否定自己，看贱自己，放弃自己。我们的肉身和五种感官，本来就都有局限性，都不完美，但这些不完美的器官和血肉、筋骨，却是我们用来让自己觉醒的唯一工具和途径。

没有这个肉身，就没有人，没有人，就不知道什么是烦恼和苦痛，我们就不会发现，原来，我们都只是来地球玩一种借着我们称为人类的生物的肉身，来找回自己本来的面目的游戏，让自己醒来，看清这个宇宙、这

◎ 从心开始 ◎

个游戏的实相；我们也不会发现，真实不虚的事实，并不会受这个肉身，以及体内的神经系统和内分泌等种种暂时存在的机制所控制……

我从没有诋毁佛陀和否定佛法的意思，相反，我打从内心万分感谢佛陀传给我们这个让人觉醒的法。

佛陀的智慧无人能及，甚至不可思议，但就是因为我了悟佛法应该是教人自救的，所以才发愿写书，来告诉大家，应该还给佛法一个本来的面目，而不是把佛法当成安慰剂或逃避苦痛的麻醉剂……

然而，我收到很多研究佛法多年的大德来信，字里行间都要我跟他们一起回到那个只有拜佛吃素才是佛法的系统里，甚至有读者认为，我是在反传统佛教，是想革命……

在这里我再次强调，我无意自创山头，或是挡其他信徒的信仰系统或财路，我之所以会写这系列的书，完全是看到有太多朋友，因为看不清佛法的真实面目，反

◎ 从心开始 ◎

而执著于抄经、诵经、回向，甚至做法会，到最后不是得忧郁症，就是出现了精神问题而远离社会，不和人群互动，愈来愈孤僻，愈来愈不快乐……因此，我才会写这套三部曲的励志书，目的只为了让更多的人觉醒，不要再陷入死胡同里。

因为，我相信，每个人身上都藏有独一无二的开悟密码，佛陀既然说众生都有佛性，即使连虫子、草木都有佛性，为何我们不尊重身为万物之灵的每个人，选择属于自己的开悟方式呢？

老实说，书写完了，我不在意有多少人看，或有多少人同意我的想法，至少我完成了我该做的任务。如果有读者大德不同意我的看法，我也虚心受教，但我将不再做任何回应。

因为，修行是为了明心自在，是为了觉醒，让自己活得无碍，而不是和别人辩论谁的看法才是对的，那是无意义的没有尽头也没有答案的地狱。因为，你的药很可能是我的毒，对我适合的，可能对你是种折磨。即使千夫所指，我还是一字一字写完该写的书，哪怕这些书只对极少数人有帮助，我也心满意足了……

◎ 从心开始 ◎

自 序

佛，只是教你
　　自己救自己的觉悟者

活在世间的人们，最苦的，莫过于自己陷自己于地狱中而不自知。

佛或菩萨的最大慈悲，不是给你金银财宝或让你长寿升官，更不是在你陷于苦难时，从天而降，全身闪着金光来救你升天，而是让你觉醒，从各种执著和妄觉中醒来，认清世间实相，让你自己救自己，不再陷自己于苦海中。

◎ 从心开始 ◎

说穿了，佛陀只是个早已认清世间实相的觉悟者，他不是神，也不是上帝，他苦口婆心的述说和留下来的许多经典，想告诉我们的，无非就是我们要如何自己救自己的道理。

可悲且讽刺的是，世间众生有很多人并不了解这个道理，反而以为只有佛和菩萨才能救自己，宁可花很多时间来念经或烧香、拜佛，却不愿勇敢地去面对自己的苦难，正视自己心中那些不切实际的欲望和妄想，更不愿从自己的梦中醒来。

佛陀早在两千多年前就告诉我们，要觉醒、要开悟只能靠自己，也就是所谓的自性自度，才是真正的解脱。

当你陷入困境，当你跌进人生低潮中，当你被烦恼和恐惧不安折磨时，切记，在这宇宙当中，唯一能救你的，不是神也不是佛，而是你自己。

或许有人会问，我信佛就是在求救，求救的人该如

◎ 从心开始 ◎

何自救？

我要说，佛经里提供了很多"方法"，这些方法是要你在现实生活中实践，进而去改变自己，进而让你从痛苦和烦恼中爬出来，如果你只是把佛经拿来当挡箭牌，让自己麻痹，暂时忘掉烦恼和痛苦，或者让自己产生移情作用，把所有的苦和烦恼都丢给佛或菩萨，那么，即使你念了十万八千遍所有的佛经或佛号，这些苦和烦恼，还是会永远跟着你。

我曾说过，我身边很多朋友，学了多年的佛法，最后还是得了忧郁症或精神方面的疾病，就是这种"误把冯京当马凉"的下场。

他们都不了解，自己才是最珍贵、最神圣的，没有人，没有我们，没有我们的身心神志，如何知道什么是苦？什么是解脱？什么是佛？

佛，不是神，也不是万能的上帝，佛，只是教你要自己救自己的觉悟者，没错，只是觉悟者，伟大的

◎ 从心开始 ◎

觉悟者。

两千五百多年来,多少人感于他的伟大和不可思议的智慧,奉献一生,雕出了令人咋舌的巨大佛像,或者制造各式各样的佛画或相关工艺品。全世界的佛寺不计其数,佛经的总数量不会比圣经还少,然而,就算有这么多人用各种方式来表达自己对他的尊重,他也只是个觉悟者,一个彻底觉悟、不再有任何烦恼的觉悟者而已。

大家千万别忘了,佛也是个人,也曾是个和我们一样,被烦恼和不安所苦的人,他能发展出不可思议的究竟智慧,彻底让自己从妄觉和痛苦中解脱,这样的成就,虽然是很多人倾一生之力,也无法到达的境界;但另一方面也说明,人,可以是佛的前身,可以看透生命的无常和幻象……而佛陀就是我们的生命导师,他可以带领我们增长智慧,远离颠倒梦想,让我们从自己的痛苦中解脱。

但无论有如何神圣的理由,他依然不是神,不是上

◎ 从心开始 ◎

帝，他想告诉我们的，不是呼唤什么口号，他就会像超人般降临，而是要我们知道如何自救的真理。

他知道，每个人都能像他一样成佛悟道，但每个人成佛的那把钥匙，不在他身上或手里，而在我们自己的手上。

可惜很多人不愿接受这个事实，宁可否定自己，一心想和自己的肉身分离，成为那个成佛的悉达多。结果，佛愈学愈不自在，愈学愈找不到法门，毕竟，悉达多不是你，你也不是悉达多。

人生是我们自己的，所有的苦、乐、酸、甜，也只有我们自己去体验后，那个滋味你才能真正尝到。悉达多是已品尝到他自己的人生滋味，才能超越这个状态，真正从苦中解脱。现在轮到你了，如果你也想解脱开悟，在这宇宙中你唯一可以依靠的，就是你自己。你可以用佛陀的道来找到自己，再领悟自己应该走的道路，但是，你却不可能把自己变成悉达多，亦或要求佛陀帮

◎ 从心开始 ◎

你得道。

我们知道，没有人，就没有佛，就没有和佛有关的佛法和经典。

佛，这个教我们自救的觉悟者，只是要我们觉醒，先从自己的梦幻泡影中醒过来。如果没有自我的觉醒，所有的修行和学佛，都只是颠倒梦想中的幻影罢了！没有你的自我，连解脱开悟的可能性，都不存在。因此，从现在开始，把自己当成像佛一样的人吧！当你回归到自己的内在，肯定自己的一切时，你将真正了解，佛要告诉我们的真理是什么。

◎ 从心开始 ◎

第一篇

人是佛的种子

没有"人",
就没有佛法

我儿子还在读小学一年级时,有一天问我:"我们吃的菜,原本就是长那个样子的吗?"

在他小小的脑袋里觉得,牛排就是牛排,豆腐羹就是豆腐羹,和牛与黄豆都是不相干的。所以,当他上完一堂植物课,听到老师说"豆腐的原料是黄豆"后,心中着实被激起不小的涟漪。

他还无法想象,为什么黄色的黄豆可以做成看起来白嫩嫩的豆腐,为什么这两样东西明明完全不相似,却的的确确是同一种东西的变化。但他也开始明白,原来我们看起来"就是那样"的东西,背后往往有更基本的组成。

◎ 从心开始 ◎

听到他提出这个问题,我感到有点欣慰,也有些感触。

因为,我认识许多学佛多年的朋友,他们看得到佛经,听得到佛法,却不曾细思"佛"到底是什么,而"佛法"又从何处来。

我并不是说他们没有细读佛教诸经典,或者不明白佛陀在成为佛陀前,原本也是俗人;而是说,"佛"这个字,在他们心中的地位神圣不同于凡人,佛陀经历的一切,在他们心中也像童话或神话般,引人入胜却遥不可及。

于是,佛成了真正的"偶像",而佛法则成了一些教徒的教科书,他们认为只要照章吃斋、念佛、不杀生,有朝一日必能升天享乐。

老实说,我相信这并不是佛或佛法存在的本意。

佛法之所以存在,正因为它是未成佛前的悉达多,在成为佛陀的这段路上所经历的苦难、挫败、省思、体

◎ 从心开始 ◎

悟的总和。如果没有身为俗人，了解人必然拥有某些情感的悉达多，就不可能有"摆脱"苦痛和七情六欲的佛陀，自然也不会有佛法。

这个世上可能只有悉达多而没有佛，却不可能只有佛而没有悉达多。佛，原本就是世人们加诸在悉达多身上的崇高名词。

但在世人心中，佛是没有也不该有七情六欲的。他们忽略了，少年时无忧无虑的悉达多，在被刻意与世隔绝的宫殿中，只因为凝视一朵小花，看着它从灿如繁星到凋零落地，向来没烦恼的他，就从中感悟到人世间的生存与死亡、快乐与忧伤，也因为有了这些情感，才成就了他超越一切苦痛和情感的想法。

一个不知道自己置身黑暗之中的人，不会明白色彩是什么；同样的，一个不明白七情六欲的人，怎么会有解脱和超越的念头？

悉达多并不想成为现代人所认知的这个虚幻的

◎ 从心开始 ◎

"佛",他只想寻求解答,知道人为何而苦、为何而痛、为何而死,并期望能悟道、能超越苦痛,然后帮助世人了解,原来自己陷于黑暗而不自知。

但现在有许多人却将这里面的因果关系倒置了,在他们把"佛"当成偶像崇拜之后。

我听太多人说过,只要虔心礼佛,必有福报降临;只要这辈子多做好事,来世必有好报……在他们的心目中,生而为人是上天降下的责难,也是苦难,而习佛的目的,则是设法在苦难中讨点糖水喝。

换句话说,这些人只是抱持着和上天"谈条件"的心态,希望自己所做的好事能被上天看见,然后借由这些好事,来为他们的未来或来生加分,以期摆脱现世的苦痛。

我有个朋友就是这样的人。

除了上班,他其余的时间不是忙着到各大庙宇礼佛,就是捐钱供奉几位得道法师。但他并不算是富有的人，这些捐献几乎耗尽他每个月的薪资，他的妻子、小孩终于因为彼此间情感疏离而离开。

在刚离婚那段时间，我曾问过他，这样做值得吗？

他说，佛陀开示，人的肉体原本就是一副臭皮囊，妻子、小孩更是造成人一生劳碌的负担，现在可好，负担去了一大半，他就有更多时间和金钱投注在捐助上，他相信佛会因此更加保佑他。

就在那之后一年，他罹患了癌症。我前去探视时，他还用奇特的语调问我，为什么他该做的都做了，还会遇到这种考验？好心不是该有好报吗？为何上天和命运要这般捉弄他？难道是要他早日脱离这躯壳？

我相信不是这样的。

有个故事是这么说的：

张三和李四都想去遥远的山洞中取经，但这段路途不但困难重重，更有许多人们连看都没看过的野兽出没，一不小心便会被撕裂。

◎ 从心开始 ◎

于是张三想,他必须把可能遇到的危险都写下来,并准备所有会用到的用具,只要备妥这些东西,就能顺利取到经书。

而在此,当下,李四则带着一些基本用品出发了。

过了一整年,李四拿着经书回来了,但他去找张三时,张三家几乎成了废墟,他走到唯一亮着灯的房里,找到半似人半似鬼的张三。原来,他一直窝在书房里,想着那些没有人见过的野兽应该会长什么样子,但终究想不出头绪,所以一笔也没画下,反倒是一家人全被他气走了。

张三听到李四的声音,抬起头,对上墙上的镜子,惊呼:"李四,你怎么取了经书,反倒成了鬼了?"

许多事情没有经历过,你永远也找不到成事的途径,甚至因为自己走错了路,反而认为是其他人走错了。

如同"人是一副臭皮囊,妻子、小孩使人一生劳

◎ 从心开始 ◎

碌"云云,并不是佛要你脱离肉体、抛家弃子。其实他的原意,是要你好好珍惜身为人的时光,好好负起应该负的责任。因为,只有明白什么是苦痛和责任,才会知道怎么解除和超越,如果没有这些过程,你永远也不会明白成佛是什么。

也有人认为,成佛,就是如同电影、电视里所演的,荣登仙界、享尽安祥和乐。其实,何尝是如此呢?成佛应该是,成为如同悉达多一般,感悟生老病死、超越七情六欲掌控的人啊!

◎ 从心开始 ◎

感谢上天，让我们有七情六欲

据说，佛陀有次在市集中丢下一锭银子，闻声，几乎所有人都转过头看着那锭银子，大家都想弯腰去捡，但既不想表现出自己的贪婪，却又怕被其他人捷足先登，一瞬间空气竟像凝结了似的，市集中里不复熙攘嘈杂。这时，整个市集只有一个菜贩始终不受影响，安安静静摆着他的菜。

跟在佛陀身旁的阿难尊者问："佛陀可要成就菜贩？"

佛陀摇摇头："此中唯菜贩最难得道。"

阿难尊者细思后露出微笑："今日又上一层楼。"

事实上，很多人为此感到困惑，不明白为何不受物欲影响的菜贩，反而最难得道？而阿难尊者又明白了什么？

其实，若细思佛家所谓的成佛智慧，我想，多少可以明白佛陀真正想表达的意思。佛陀想说的应该是：菜贩的不受影响并不是真正的悟道或看破，只是单纯的没有好奇心，或对四周环境的漠视。

佛家所说的大智慧，是指明白一切事项、了解一切事理，也就是希望大家多看、多想、多去体会。但很多人却都以为，那些不受周遭所发生的事物和情感、欲望所吸引的人，才是真正的天之骄子，也是所谓最有"慧根"的人。

只是大家往往忽略了，在人生这条路上，七情六欲正是一个人的灵魂中不可或缺的元素，假若一个人未曾走过这条人生必经之路，不想认真看待这些情感，一个连自己都不能了解的人，又如何能明白一切事理呢？而一个完全没有好奇心的人，又怎么可能知道自己对世事

◎ 从心开始 ◎

一无所知？如果悉达多在看到乞丐、病患时，从不曾对生、老、病、死表达想"知"的欲望，这世上又怎会有佛陀存在呢？

一些被现代人认为"有慧根"的人们，也许没有被这些思绪干涉太多，但另一方面，他们也极少正视自己的内心和想法，这样的不受影响并不是"看破"，只是一种"逃避"。现代的许多人，很容易把佛说的"看破"和"逃避"画上等号，也常把"大爱"和"无情"搞混，最大的原因就在于人们还没有认清这些行为间的差距，其实在于每个人内心对人生的经历和体悟啊！

我在多年前听过一位师父说了一个小故事：

有个小僧出家多年，依然常常想起在家的年迈父母，他为此感到困惑而且害怕，"为何我摆脱不了这些俗念？难道我终究是个没有悟性的凡人吗？"为了摆脱思念的纠缠，他准备了一根小针，每当想起父母时，就用针刺自己一下，希望借由痛苦来忘却亲情。

◎ 从心开始 ◎

他的师祖发现了这件事，将他叫到跟前来："你用这个方法，可曾忘了父母？"

小僧摇摇头，"不但没有，还与日俱增，也许因为害怕想起，结果父母两个字，反而一直搁在心里了。"

"为什么你害怕想起呢？"

"每每想起他们孤苦无依，便有各种情绪涌上来，不利修行成佛。"小僧不安地说。

师祖听后却捻须微笑："很好，很好。"

故事说到这里，师父问我："你觉得师祖会怎么做？"

我想了想，答道："再开示这名小僧，让他明白既已出家，凡尘事务不该再牵挂，应该更用功、用心修行才是。"

师父摇摇头，继续把故事说下去。

这位师祖最后竟要小僧回家善尽孝道，直到父母离开人世，否则不可再次出家。

◎ 从心开始 ◎

多年后，小僧又回到寺庙中，他问师祖："您当初为何要我离开呢？"

师祖反问他："你现今可忘了父母？"

小僧笑了笑："亲情岂能说忘就忘？但不刻意去忘，也就不会刻意去想，因此可以说没忘，却也可以说忘了。"

"这才是看破，而非逃避啊！"

法国著名的哲学家帕斯卡（Blaise Pascal, 1623～1662），曾说了一句甚富禅理的话："人类的不幸，源自于不能一个人好好待在房间里、待在自己的地方。"

他所指的，当然不是单纯指一个人能不能自己待在房间这件事，而是说，你能不能正视并接受自己的内心情感、自己所处的环境，同时真正了解自己在想什么、做什么。

故事中小僧心境的转变，正是因为他从原本的压抑情感，到最后把想做的事情完成的呈现。我回答的方法并没有错，也是许多修道人士所用的方式，但如果师祖不曾给小僧回家侍奉父母的机会，只怕再过十年，这份遗憾还是会留在小僧心中，反而成为他悟道的阻碍。

现代也有很多年轻人，一遇到感情不顺就呼天喊地，求生求死，甚至有些人跑去出家，但无论出家或就此离世，问题难道就解决了吗？绝对不是，问题不但还在，甚至会有更严重的后果。

我遇到过一个年轻人，他和交往六年的女友分手，一时气不过，决定出家修行，但在寺中不到一周又还了俗。他说，寺中虽号称佛门清净地，但钟声、诵经声、木鱼声不断，让人很心烦。我却知道让他心烦的不是这些外在的声响，而是他自己内心的不平静啊！

修行的重点，并不在于身体出不出家，而是内心能否明白自己现在所遭遇的一切，都只是生命中的一个过程、一个经验，再从这些事物去感觉、思考，得到自己独一无二的体认。

◎ 从心开始 ◎

而且，佛家所说的杜绝七情六欲，绝不是叫你不碰不沾，相反的，希望你能多去经历体会，并从中体会出为与不为间的差异。如果所谓的戒除七情六欲，是一辈子不看、不听、不深思，悉达多何必舍弃无忧无虑的太子生活，跑到野外苦修六年，每日只食一粒米、一粒柏实、一粒芝麻？又何必坐在菩提树下四十九天，与自己的烦恼心魔，展开夜以继日的搏斗？

这一切都是为了看到过往不曾看到的、得到不曾经历的经验啊！

所谓摆脱七情六欲，并不是要我们真的无情、无欲、无求，而是在教导我们，认清自己身为人，就确实有这些感情、欲望和需求，然后明白为什么需要，这样，才能进一步看开、超越这些欲望的束缚。

七情六欲不是洪水猛兽，而是要助人成佛的必经之路。如果没有七情六欲，就没有成佛的可能，毕竟，佛正是因超脱七情六欲而来。

◎ 从心开始 ◎

佛经的"空"害死一堆人

前几天搭车时,看到几位老先生、老太太上车来,一群中学生坐在座位上,却完全没有让座的打算。有个年轻人看不过去,问他们可否让座,学生们却回答:"这又不是博爱座。"理直气壮得很,一时间竟让年轻人哑口无言。

过了好半晌,站在我身旁的年轻人终于轻轻吐出一句话:"让座不是义务或责任,而是人性中慈爱的表现。"只不过这时学生们早已下车。

我要讲的,并不是关于人权、教育或道德伦理的问题,而是一种社会和人性的常态。

很多时候,当我们想用最好的方法或说法,试图让

◎ 从心开始 ◎

某些事情达到最好的结果时，所得到的后果往往不如想象中完美，甚至有时候还会让整件事更糟糕。我猜，应该没有人会想到，我们对孩子们从小谆谆教诲，希望他们懂事、有礼貌、有爱心，并替别人着想的后果，竟会让他们以为"只有博爱座才需要让座"……

这种误解并不单纯是"谁"的错，而是整个传授过程中所造成的错觉。当你愈是向人强调"你必须在这里这样做"之后，大家不但会慢慢遗忘"其实在那里也要这样做"，也会渐渐忘记为何要这样做的真实理由。

这就好像过去许多佛经的译者，用"空"这个字，来代表佛法里的无常和非实相，告诉大家在任何状况或情境时，都要把持"空"这个要素，强调大家必须专注在这个字上面，而忘了它背后的意义，其实是要大家凡事不可太执著。

根据人性，通常一件事愈是需要强调，就表示它愈难达到。毕竟透过这种方式宣扬时，已经让大家开始执著在"让一切成空"这件事上面，只是人们还欣然自得地以为，自己已经把"空"放在心上，已经达到无欲无求的目的。事实上，他们压根忽略这件事本身，就是一股强大的欲望。

每次看到这种循环一再发生，都会让我想起一则小故事：

有两个和尚某天走到一片田地中，看到一个农夫把刚收到的银子，放在挂在路旁的衣袋中，旋即转身继续耕作。

师弟开口对师兄说："这农夫不知在想什么，竟将银两放在可能会被偷的地方。"

师兄微笑道："我瞧他是个有慧根的人，知道钱财乃身外之物，不足眷恋。更何况他还有这片田地，纵使那些银子被偷了，一样可以用这些作物赚回来啊！"

师弟听了，有些难为情："原来我心里毕竟还是记

◎ 从心开始 ◎

挂着钱财这俗物,多谢师兄教诲。"

待他们走后,佛陀化为寻常的路人靠近农夫,向他说了这段对话,农夫听了哈哈大笑:"师弟是俗人,师兄却更是俗人,师弟至少自己知道心里记挂钱财,师兄却以为自己真的忘了钱财,如果他当真无欲无求,何必要我赚回来?其实要我说的话,只要知道自己还活着,即使没有银子、没有田地,照样可以快活地过日子啊!"

佛陀点点头,嘉许道:"你果然是有慧根的人。"

其实,真正可怕的欲望,并不是你能够明白、感受到的,而是那些你无法察觉的部分,因为无法察觉,当然也就无法修改或戒除,只可惜人们往往忽略了这个重要的前提。

"空"这个字所造成的另一个错觉是,让大家以为世间万物都是空,都是无意义的。因此,有人自暴自弃,有人不珍惜肉身和自己拥有的一切,甚至否定"自

◎ 从心开始 ◎

己"的存在，包括佛学中的一个技巧——"白骨观"或"不净观"，它们认为人体内的五脏六腑都是污秽的，并视人的基本需求和情绪为悟道的阻碍，要求人们戒除这些本性等等，也误导了人们，让大家错以为，学佛就是要鄙视或否定我们的肉身。于是，本意在使人觉醒、了悟的佛法，反而成为面对生活和自己的阻碍。

其实，我相信在一开始，"空"这个字的确能代表佛法的真意，只是由古至今，大家在传递这个"空"字时，产生了无数的歧义和解释，渐渐混淆了它的真实意境以及佛陀所要传达的概念，使它无法完整地被修行者所接受吸收，使多数人对它产生误解，这也使佛经里的这个"空"字，不知害了多少人。

我问过很多朋友，学佛的用意在哪里？他们都说，是为了让自己没有烦恼，可以远离痛苦，可以活得快乐、自在……

他们认为，修了佛，戒除了七情六欲，体会世间万物原是一场虚幻后,心里的重担就可以放下。但事实上,他们学佛之后,每天念那些艰涩难懂的佛经,每天催眠自己,一切是空,四大皆空,肉身是空,友情、爱情是空,亲情也是空……搞到最后,整天就在想着还有哪些没有"空",把自己搞到差点疯掉。

这种修行不但没有让他们更自在、快乐,反而整日活在消极不安中,日子过得了无生趣,却又不知为何会如此。

仔细想想,没有肉身何来修行?没有眼、耳、鼻、舌、身,没有感官,没有视神经、脑神经和脑思考功能,我们如何知道什么是佛经?什么是佛法?

佛陀想告诉我们的是:不要太执著于这个变化无常的肉身。例如,有些人因为眼尾长了一道皱纹,就哭天喊地急着去拉皮;有人因为腰间多了一圈肉,决定不吃不喝让自己饿到只剩皮包骨;也有人为了保护一头秀发,只要有旁人碰触就张口大骂……这些其实都是不必

◎ 从心开始 ◎

要的，佛陀要说的就是这个，一旦年华老去，你现在所专注的一切也会跟着变样，何必为了这些不断变动的外在因素，让大家都不好过？

只可惜大家都习惯把话听一半，以为佛陀是要大家舍弃肉身，因此才有人会虐待自己的身体；也有人因此毁坏自己"肮脏"的身体，或者索性自杀……这一切，都是大家对空的误解。如果总的归纳下来，也可以说是很多佛经没有把话讲清楚，才会造成这样的后果。

修习佛法的人应该都知道，佛陀后来领悟到中道的真理，也就是凡事不要走极端，我们可以不执著肉身，但也不要刻意糟蹋或毁坏这个肉身；相反的，我们应该好好地过生活，养护身心，唯有身心平衡健康，才有平静和自在，不必为病痛而烦恼，也不必为心理抑郁而困扰。

真正的空，不应该是视外在发肤为无物，也不该视它们为污秽肮脏，而是内心对任何事物，包括"空"这个念头，都不刻意留恋、痴迷啊！

◎ 从心开始 ◎

开悟，要像植物生长一样地自然

我儿子有一天放学回来，说他早上被老师罚站。他告诉我，早上他陪一个看不懂公交车站牌的阿婆等公交车，直到阿婆上车后，他才进校门，结果就迟到了。

然后，他带点委屈地问我："可是，老师不是说要帮助别人吗？为什么我做好事还要被处罚？"

我能做的只是告诉他，"你做得很好"，却没办法说老师错了，只能无奈地向他解释，有时候制度和人性之间的取舍，并不是大家都可以拿捏得恰到好处。如果今天老师不是处罚你，而是奖赏你，他怎么知道以后大家不会把这种情况拿来当成迟到的借口？总不能要大家做好事时，还请对方签字当证明吧？

"那，是不是大家为了不迟到，就算看到有人需要帮助，也不能去帮他了呢？这不是很奇怪吗？"童言童语倒是一下戳破我说的道理。我几乎可以预见，依照这样的逻辑推论，相信"只有博爱座要让座"的孩子又要增加一个。

"而且，"儿子接着问，"为什么老师会觉得有人想骗他？"

我失笑，看来举这个例子倒是以小人之心度君子之腹了。小孩的脑袋里压根没太多复杂的想法，只是随着直觉去做，随着天生自然的本性去帮助别人，也因为他们行事不需要顾虑太多，思绪反倒显得比我们这些大人们清晰，也更直率。

我不敢说因为某些制度扼杀了人们善良的天性和习性，但这些套装制度，的确对人们的某些观念或行为会产生很大的影响，甚至会让某些创意或善意局限在框

◎ 从心开始 ◎

架内。

同样的，对学佛的人来说，成佛最大的阻碍，并不是有没有慧根这件事，毕竟，佛陀不是说过吗，每个人都有成佛的可能。我觉得，这其中真正的困难在于多数的学佛者，只想着跟随前人的脚步，循着前人成佛的经过来习佛，而把修行当做一套仪式。

他们以为这样就能开悟得道，却忘了人有各自的成长方式、习性和悟性，一种套装模式不可能适用于每一个人。不要忘了，即使是悉达多，在成佛的过程中，也是经历过许多不同的方式，才开始觉醒、悟道。

我看过一则新闻，在南部乡间有一栋老房子，它的模样很奇特，因为外面刚好有棵大树将它包覆，蔚为当地奇观。

大家在为此吃惊时，也不忘赞叹这棵大树坚强的生命力。

这就是植物的本性，当它还是种子时，房子正好压在它上方，为了生存，它的枝丫开始分散，围着房子成长，它的外形虽然不像其他同类高直挺拔，但它活得很好。

这也是一种自然法则，它告诉我们，真正重要的，并不是过程或外在形象，而是透过不同的过程，还是可以到达相同的目的。

但是，有些学佛的人却搞不懂，以为想成佛就只有一条路，于是不顺应本性的一心想着要"空"，要去掉我执，不能有喜、怒、哀、乐，凡事要镇静、要清心寡欲，甚至开始否定自己，并想根除从小到大养成的想法和习性。

这种方法对一般的修行者其实是很危险的，因为人在成长的过程中，难免会养成许多习惯，也形成很多执著，比如你睡前一定要看两页书、吃饭前先喝口茶、谈话时会跷起二郎腿、过马路时先看左边来车、看到感动的事会哭、听到有趣的事会笑……

◎ 从心开始 ◎

长久以来,我们就是因为这些习惯、习气、业力,才能过得这么顺心、舒服,而且这些不经意的动作,都是日积月累所形成的,它也如同一棵大树,是从种子慢慢抽芽、茁壮、开枝散叶,怎么可能一瞬间就将它斩断,自身却不受任何影响?

这也是为什么有这么多人,学佛后反而出现了身心方面的问题。因为他们忘了,自己本身就有成佛的天性和适合自己的修行方式,因为不了解这层道理,他们舍弃了自然法则,只知道跟着制度走,跟着佛典走,大刀阔斧,将习性、将过去的一切一把砍断,结果枝叶、树干是不见了,深扎的根却还在,只不过他们自以为已经彻底戒除了,以为已经不再受"过去"和"之念"所影响。其实,哪里是这样呢?我觉得这样的修行不但没有效果,还可以说是不自觉的自欺欺人了。

真正的开悟,并不是试图剥除或否定这些天性或自然反应,而是要自我观照,知道自己为什么会这样做,

◎ 从心开始 ◎

为什么想这样做。即使当你发觉某些习性不好,也不要试图把它一下子连根拔除,因为它的根深深附着在你的意识中,一下把它拔除后,得到的并不是清明自在,而是失去某种重要寄托和依赖的失落和遗憾。

这种情形常常见到,并不只发生在执迷于学佛的人身上。就像我有不少朋友,在交了女朋友后,马上信誓旦旦地答应对方要戒烟、戒酒,结果不到两三天,烟瘾、酒瘾又犯了,于是干脆偷偷地抽、偷偷地喝,原本的发誓反倒成了谎言的起点,而且大家也心知肚明,如果被对方发现,少不了一番争吵。在我看来,这种心不甘情不愿又会引起争端的戒,还不如不戒的好。

当然了,我并不是要大家开始饮酒作乐,烟酒不拒,而是认为真正的修行应该是要慢慢修、慢慢戒,让这些习性逐渐萎缩,先让叶子掉光,然后修修枝桠,不再替它浇水、施肥,等它开始凋零枯萎,根也就松散好拔了。

◎ 从心开始 ◎

修行学佛不是不好，但是要走对路，走对方向。要我说的话，真正的觉醒也像一棵大树，是需要时间和养分的。而且不同的树有不同的生长方式和模式，如果种在高山上的松柏移到平地，反而会凋萎憔悴；粗壮的阔叶木挪到高山上，恐怕没多久就会让雪压垮。人也是一样，唯有找到适合自己的方式，一切遵照自然，不冒进，不强求，让觉醒的种子慢慢地成长、茁壮，直到可以自我观照，看清楚自己的一切，才是通往得道的真正道路。

因此，不要管别人的速度或成绩，也不要完全听信别人的建议，人各有因缘，走自己的路，修自己的行，别人的话，听听就好……

◎ 从心开始 ◎

烦恼，是最珍贵的成佛催化剂

最近，有个朋友因为负债三百万，自杀过世了，留下一家老小面对依然解决不了的问题；前几个月，妻子也有个亲戚投水自尽，听说是因为感情因素；还有，邻居读高中的孩子，受不了课业压力而染上吸毒恶习，被父母发现，送进戒毒所后，还三不五时威胁父母说要自杀，要让他们后悔，搞得邻居夫妇整日忧心忡忡……

佛家说，人有三千烦恼丝。其实何止如此？你想吃个饭，就要烦恼什么时候洗米、煮饭？应该买些什么菜？家里油、盐、酱、醋还有吗？想出门，开始找钱包、找钥匙，检查门窗、煤气，烦恼一不注意就会遭小

◎ 从心开始 ◎

偷或出意外。谈恋爱时，老在心里问自己，他爱不爱我？会不会劈腿？将来会不会变坏？即使那些外表光鲜亮丽、家财万贯的大老板一样会有烦恼，公司股价怎么又跌了？部门应该怎样找更好的人才，好增加收入？

这里的每个问号都是一个烦恼，每个烦恼又会衍生出无数个烦恼，也因为世界上烦恼这样多，有几个朋友不禁告诉我，人好像一生下来，就被困在烦恼这张网子里，怎么样也挣脱不了。

乍听之下好像是如此，但我却觉得这是借题发挥了，天下人这样多，谁会布下天罗地网来等着每一个人？

人并不是一生下来就被困在烦恼这张网中，而是从一生下来，就自己不断生出烦恼的丝，却很少或从不去收拾，渐渐的，这些丝就把自己层层包围住。脱离不了的人，就开始产生错觉，以为这些烦恼是既定的，无法解决的，因此形成无数悲剧。

◎ 从心开始 ◎

另外也有些人，为了摆脱烦恼，不惜花大钱求助于静心、修行、禅坐这些心灵的课程。结果每天为了修行，小孩成了钥匙儿童的时有所闻，夫妻失和的也不少，到最后干脆一拍两散，好好一个家就此离散，烦恼不但没少，反而又多了几样。

其实，如果大家仔细想想修行学佛的目的，就会发现，这些因烦恼而修行，又因修行而产生的烦恼，根本是不必要的，因为大家根本把修行的目的和意义搞错了。

我们应该要知道，修行的目的，最基本的虽然是要解脱烦恼，但想要解脱烦恼，首先还是要先对自己的烦恼有所了解。

我之前听人对一位师父提出过疑问：为什么学佛之后，烦恼和挫折反而变多了？

师父的回答很巧妙，他说，你并不是烦恼变多了，而是没学佛之前根本没发现自己有烦恼。所以学佛以

◎ 从心开始 ◎

后，这些原本已融入生活的烦恼，在自我观照下一一浮现，你看见了，才能去解决。所以，晓得自己有烦恼，就好比晓得自己有病一样可贵。毕竟，只有知道自己有哪些病，才会去找医生拿药，也才有机会把病治好。

而我说的那些不必要的修行，则是不知道自己患了什么病，就到处找医生，病急乱投医，这样的治疗效果怎么会好？

我们不妨静下心来仔细想想，到底心中的烦恼从何而来？事实上，从来也没有谁把烦恼寄到你的人生信箱来，所谓的烦恼，都是我们给自己制造的，就算你不想承认，这个机制还是存在你的脑袋里，日复一日运作着。如果看不透这一点，就算你剃度出家，烦恼的制造机制一样存在。

另一方面，烦恼也可以说是我们对事理、对自身，缺乏正确或透彻了解所产生的，所以当我们对一件事认识不清时，烦恼就跟着来了。而且，所有的烦恼其实都有一个中心原理：它们都是因为"我执"所引起的。因为执著，所以放不下；因为执著，所以会痛、会受伤，大家如果把遇到的所有烦恼，代入这个公式去看，会发现几乎都是如此。

打个比方来说，有些年轻人因为自己从外国留学回来，或者读的是有名的大学，就开始自觉高人一等，总是表现出不可一世的模样，只要有人没有特别注意他，他就不高兴，开始怀疑自己，甚至觉得别人怎么可以看不起他？因而气到神经衰弱。其实，对方说不定根本不认识他，又怎么会有看得起看不起的问题？

之前也有一个例子，一名研究生的父母要告学校的教授，说教授对报告太挑剔，害得这名研究生得了精神病，每天盯着报告说"到底哪里没做好？"治疗好几个月还好不了。

教授很委屈，说他根本没找碴，只不过要研究生以后记得把一些学名改成粗斜体，这是正常程序，没想到

◎ 从心开始 ◎

研究生会钻牛角尖。

这些情况，就是因为太执著，结果看不清烦恼的症结，把原本小小的烦恼缠成一团；也因为无法面对真正的问题，反而把自己原本的思绪都打乱了。

我们这些平常人无法彻底摆脱执著，因此每个人多少都会有烦恼，也终日为这些烦恼奔波劳碌。

但烦恼绝对不是阻碍人们成佛的道路，也不是业障，而是你身为人有思考能力的证明。因为人会思考才会发现问题，也才会有各种不同的意识和忧虑。如果你只是逃避，一味把烦恼往外推，那么烦恼就不会变成领悟，反而会变成噩梦。

可惜，很多修行者遗忘了这些过程和目的，一心只想忘记烦恼，以为修行之后，烦恼就会自己烟消云散。结果当然不是如此，烦恼只会因为无人解决而与日俱增，变成更无法解决的烦恼。

相反的，如果你能去观照这些烦恼，明白我的烦恼

◎ 从心开始 ◎

是哪来的？为何我会为这些事物烦恼？我有必要为这些事物烦恼吗？如此才有可能看得开，看得透彻。一旦你看透这些道理，看透脑袋里的这些运作，即使不修行，不出家当尼姑、和尚，也能用更豁达、坚强的态度活在人世间，并享受人世间的一切，而不会因为明白自己有多少烦恼，就终日活在恐惧、烦恼中。

如果觉醒是深埋心中的种子，那么烦恼就是培育这种子，是让自己成佛的催化剂。

因此，学佛修行这件事，至少应该是可以让我们老老实实地面对自己，面对烦恼，进而保证无常、无我的真实道理，以求达到远离我执、解决烦恼、活得自在安然的目的，同时也开启我们的无限智慧和关怀，把烦恼铺成觉悟成佛的道路。

◎ 从心开始 ◎

佛是超越人，但又包含人的存在

肯恩·威尔伯（Ken Wilber），这位渊博的学者，曾提出一个概念来解释万物联结的模式：世间的实相（reality）都是由"全子"（holon）所构成。

这里所说的全子，是指某个本身已经是整体，却又同时是其他整体一部分的实体。这样看起来也许有些复杂，如果换句话说，就是指宇宙中的万事万物本身都是一个完整的东西，却又是其他事物的一部分。

举个例子来说，我们人体中有细胞，这些细胞本身就是一个独立完整的东西，但它同时也是器官、组织的一部分，是某个人的一部分；或者，社会中包含各式各样的人，包含我们的这些人，不但是社会的一分子，更是完整的个体。

甚至，现在的你，也是许多过去的你的意识和记忆所结合、进化来的，现在的你当然是一个完整的个体，但过去的你，并不会因为时间流转就此消失，"他"一直存在你体内，并成为现在的你的一部分。

为什么要提到这个概念呢？如果你的记性不错，或许会记得，之前曾发生过一件令人闻之悲切的事件：有六个小孩集体跳海自杀了，原因是他们听信村里大人的话，说好人不怕死，因为死了会成仙，还说八仙就是集体自杀才成仙的，所以他们也要集体自杀，变成六仙，这样就能免去六道轮回……

这件事似乎让人不可置信，这种方式太过偏激了，无论是学佛者或修行者，都不会叫别人这么做，这六个小孩似乎成了讹言的牺牲者。

但是，我也发现，有一些人虽然没有走向这么偏激的道路，心中却有和这些小孩类似的想法。

◎ 从心开始 ◎

很多人在修行一开始，就对修行这件事，以及佛的存在有所误解；也有很多人在学佛后，每每遇到挫折时，心里就会浮现一个疑问："为什么我诚心诚意，尊神拜佛这么多年，神佛却不曾特别护佑我？"或者，觉得只要自己没有做"坏事"，并诚心礼佛，离世之后必能升天成仙……

这些人多半把佛和人切割了，他们以为，修行就是要脱离过去、脱离自己，才能从世间或心中的苦痛解脱；这些人也以为，佛陀如同电影中的救世英雄，会在自己危难时伸出援手，于是在外面做些什么都不要紧，只要回家虔心参拜，必会受到佛祖保佑。

但是，佛祖并不是电影里的救世主，他不会在你被追债时马上出现，帮你还钱或赶走凶恶的黑道；也不会在你被上司骂到臭头时，出面开解上司或为你辩护；更别说会在你自杀的那一刻，千钧一发把你从悬崖拉上来……因为，佛，并不是像神话或传说中飞天遁地、无所不能的"神明",佛陀其实也是人,只不过,他是个了悟世上一切道理和智慧的人。

但一般人总会有错觉,以为佛所拥有的神通是不需要修练、不用经过磨难和开悟的。这也是为什么死后成仙、成佛的说法这么吸引人的原因,反正每次做了坏事,只要好好向神佛忏悔、道歉,下回出门又是一条好汉,死后照样能登极乐西方。

虽然我也明白,信仰宗教只是许多人寻求心灵上的慰藉的方式,并不见得想借此得到更崇高的地位,或重新认识自己,却也不难看出,一般人都以为佛就是佛,和人是完全不同的,他们把佛陀神化后,已经忘了佛陀也是悉达多由人变为修行者,一直到开悟的状态。其实,只有将前面说的全部过程包含起来,才是"佛"这个字的真实意义。

为了让大家能更清楚明白这个概念,不妨先看看下图。

◎ 从心开始 ◎

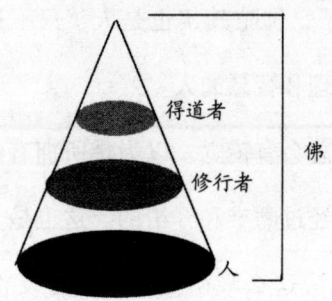

如果套用肯恩·威尔伯的全子概念，就是指无论人、修行者、得道者，都是具有各别完整性的全子，同时也都是"佛"的一部分。由于每个全子都是整体兼部分，因此它们都必须保持自己的完整性和部分性，只要缺少了其中一个要件，它就丧失了全子的身份，而原本因它而完整的实体，也会因为少了它而失去原本的面貌。

因此，千万不要把"佛"跟"人"切割开，唯有先把人当好了，才能一步一步往上攀登。

我们都可以成佛，唯一的重点是，我们千万不能否定自己。就像我前面说的，很多人以为佛和人是完全不相干的，于是一点都不重视身为人的这一刻，他们否定自己，甚至想快点了结自己的性命，以到达下一个目的地。

同样的，也有很多修行者，虽然已到达第二层，却忘了自己目前的成果，也是经由自己还是平凡人时累积而来的，一味想切割过去，想忘掉尘世间的一切，抱持这样的心态是不可能成佛的，不光是他们放弃了自己做为人应修的功课，损毁了全子的完整性；更因为他们过于执著成佛的信念，所以无法轻易放下，当然也无法顿悟。

不管是佛或人，我们都必须包容过去的一切，包括过去做的坏事、好事，或是过去的执著，以及曾经被伤害的痛苦或经历的快乐。唯有把这些全都包容进来，并在"当下这个我"的这一瞬间，可以回忆所有的过去，才是真正的觉知。

不过，很多人也把"当下"误解了，以为只要专心于眼前这一刻，该做什么就做什么，结果把其他的一切都忘了，这就已经丧失了觉知的能力，跟狗、猫又有什

◎ 从心开始 ◎

么两样？

　　人的可贵之处，就在于能在当下保持觉知，知道自己的过去，明白自己是怎么从过去到现在，了解过去的因和现在的果，而现在种的因又会成为未来的果。做到这一步时，心已豁然开朗，完全没有疑惑或不安，那么你就处在当下，也才叫顿悟了。

　　就像佛陀所说的，世间万物都是有佛性的，每个人都可以成佛。其实，我们的基础和佛陀都是一样的，只是佛陀不断地往上走、往上升华，人们却往往否定自己、否定过去，忘了自己也有这一块基底，一味地坐在原地求神拜佛，不知道只要自己再往上走，就可以到达开悟者的境界。

　　不要再把希望或生活寄托在盲目的追随上，我并不是否定求神拜佛这件事的崇高，而是要告诉你，我们每天从睁开眼的那一刻起，所经历的每一件事，就已经是在为成佛做准备。

◎ 从心开始 ◎

不想当人，就无法成佛

不久前，新闻报道有一对中年夫妇，因为经济困难而想不开，夫妻两人先吞下安眠药，然后带着小孩烧炭准备一起自杀。所幸后来因为小孩大声哭叫，被邻居发现，才救回三条人命。

还有一个得了忧郁症的离婚妇人，带着孩子从三楼往下跳，小孩子当场死亡，妇人却没死，但因多重性骨折造成全身瘫痪，不但失去孩子，还把自己推入万劫不复之地……

最近看新闻，总会发现有几则令人心酸却又讽刺的社会案件，除了上面这两件不幸，还有两性专家为爱情走上绝路；写励志书的作者，受不了忧郁症的困扰，决定自己了结生命；还有一位应该是为人师表的副校长，在枪杀情敌后自杀身亡……

我们不能否认,在这个世界上,每个人总有各自的难处,而人在遭遇挫折时,偶尔也不免产生自杀逃避的念头。苏格兰哲学家大卫·休谟(David Hume)甚至说:"如果我连自己的生命都不能处置,还能处理什么?"似乎想借着"自主的结束"自己的生命,证实的确握有对生命的主控权。

同样的,也有一些修道场,强调佛陀说的"一切的欲爱是苦,有爱是苦,无有爱是苦",要修行者相信,在佛陀的眼中,只要没有脱离肉身就是在受苦,人生只有"苦"和"苦灭"三个字……导致一些教众认为,只有脱离人这个肉身,才是真正的自在解脱。于是误认为当人是一切痛苦的源头,有些更选择以自杀的方式,为生命写下结尾。

而那些选择了结自己生命的人多半认为,这么做又不会伤害到别人,既然如此,自杀又有什么关系?

其实，我并不赞同这种说法和做法。当然，我们可以引用德国大哲学家康德（Immanuel Kant）所说的"你连自己都敢伤害，还有什么事做不出来？"来反驳、论证，但我并不想这么做。如果这么做了，好像是在说选择这条路的人，的确对其他大众怀有恶意，但事实上，他们只是看不透佛法，看不透修行的真正目的罢了。

我想，当一个人想以死来获得解脱的时候，通常代表内心的痛苦和执著，已经超越肉体的苦痛。佛家修行，讲的是"心"的解脱开悟，心中被苦所牵引的人，即使抛弃"人"这个肉体，一样是无法"成佛"的。

姑且不论这些以死来终结生命、规避应负责任的人们，不久之前，有个年轻学生跑来告诉我，他看破红尘了，要出家。

我有点惊讶，因为他平时并不近佛理，而且是个活泼爱玩的小子，细问下才知道，他和女朋友分手了，导致学业不佳，又和家人闹翻了，心灰意冷之余，他发现

"一切果然都是空",既然没人要他,那他就投进佛陀的怀抱吧!

这也是把佛陀当超人,把修行误解成逃避路径的例子。许多修行的人都犯过这个错,一开始总以为出家苦修、离群索居之后,心就会自己平静、看开;以为不尝尽人间的苦悲,心中就不会有憾恨。只是,这样的做法不只是逃避,更是设法把自己和过去切割,到最后,得到的并不是领悟,而是强迫失忆症,大家既没从挫折中看到什么,当然也就不能得到什么。

我一直觉得中国人有句话说得极好——"好死不如赖活着"。只要活着,就有人的思考能力可以想出解决办法;就有人的肉身可以做些事情来补救;就有人的灵性来理解佛陀传下来的道理,来觉醒、觉悟。一旦内心大彻大悟,就算立即死了,不管是意外或已届高龄,都能充满喜乐。

我在一开始接触佛法时,听到佛典中有这么一个故事：

有个人被送上断头台，当时有很多民众围观，脸上露出了各种表情，有人害怕、有人冷漠，当然也有茫然的、幸灾乐祸的……但在遥远的角落边，刚巧有个少妇抱着一个婴儿路过。这个死刑犯运气真好，就在被断头的那一刹那，瞥见了婴儿天真无邪的微笑，他不自觉跟着发出会心的微笑。就在那一瞬间，他什么都忘了，没有恐惧也没有惊疑，他死得十分安详。

这个故事之所以让我印象深刻，是因为我觉得它点出了修行学佛的真义，如果修行的目的是要成佛，那么不论你是什么人、遇到什么事、又做过什么事，在你心中得到安详、平静的那一刻，佛性就由此发光、发亮。

相反的，前面说到那些父母带着儿女一起死、和情敌玉石俱焚、为感情或钱财自尽的，或者和情侣一起殉

◎ 从心开始 ◎

情的，他们虽然自觉控制了自己的未来，但其实他们是被情绪、被七情六欲给控制了。而且，他们真的借此得到平静吗？恐怕他们死后，眼中依然带着绝望和恐惧。

死已经很惨了，更何况是死在恐惧中，死在怨恨里？

生命不是负担，而是上天给的礼物。当我们接受自己现在存在的状态，才能体会悉达多由人修成佛的一切；因为有人的肉身和思考能力，才能理解佛法和自然所赋予的一切启示；因为能经历，并在经历中明白不同的事理，才不至于成为一味模仿却没有自主意识的鹦鹉。

如果你不想当人、不爱惜自身，甚至在修行后马上否定自己的七情六欲、童年、创造力，这只是更加证明你根本还没有觉醒。毕竟，你连自己都不懂得包容，又要怎么包容宇宙万物？我们修行最重要的，应该是要了解"人身难得"。上天给我们肉身，并不是要把我们的灵魂困在人这肉体内,而是要你的灵魂,透过身而为人的体验和思考,了解佛陀希望我们得到的内心平静。

只有先把"人"当好,先接受人的一切,不畏死、不求死、不等死,心甘情愿、心平气和地把人生应负的责任负完。那么,在我们负起责任的那一刻,就已经觉醒了。

◎ 从心开始 ◎

藏在人体内的惊人秘密

抽空去医院做了健康检查，困扰多年的痛风没有更严重，却也没有变好。

医生说，这多半是过去大量喝酒的关系，虽然近十几年来，已大力改正这从前应酬时养成的恶习，但在那段短短的时间里，对身体造成的伤害，恐怕一辈子也不能复原了。

有时候，违背身体自然规则的后果，往往穷极一生精力也无法挽回。

所以每年冬季，当看到高山开始下起雪时，年轻人们脱光衣服，裸着上身在大雪中奔跑玩耍，即使冻到全身哆嗦、嘴唇发紫，也不肯先示弱把衣服穿上的奇景时，心里总有些感叹。

◎ 从心开始 ◎

我之所以会说这是奇景，实在是因为，人发明衣物，第一个理由就是为了避风寒，但他们却反其道而行，不管身体内脏的不适，不管回家后可能会因风寒卧床十天半个月，只为了满足心中一时的争强好胜，不经思考便去做了，这样的行为实在是欠缺成熟思维。更令人不解的是，几年下来，这种迎雪的方法好像变成了习俗，因循陋习，倒把他们捧得像是男子汉。

其实，放眼看去，地球上的一切，都是顺应天体运行、自然规律而来。因为地球的公转和地轴的倾斜，才使地球上各区域，受阳光直射的角度和时段不尽相同，温度随之变化，四季和风雨也因而成形。如果地球有一天走偏了，即使只是一小寸，也可能导致整个生态圈毁灭，甚至其他星体也会因此受到冲击。

而且，就因为有了四季，才有随着四季而变化的动植物生态。所以，有些动物四季毛色不尽相同，是为了保持适温，并将自己融和于环境中，避开天敌追捕；有

◎ 从心开始 ◎

些植物的种子，即使在秋冬之交就种下也不会马上发芽，如果发芽了，可能会面临被冻死的命运……所有的一切，和地球运行配合得丝丝入扣。

人体又何尝不是呢？人体和人心都是自然的一部分，人的身体本来就有很多学问、道理，它的运作跟天地是互相对应的。我们的五脏运作、生理作息，包括我们的经脉穴道，无一不和四时依序息息相关。所以，天地之间的法则，几乎在人体内都有。

妻子长久以来就一直为偏头痛所苦，看了中医，才知道是年轻时爱吃冰惹的祸。医生说，夏天偶尔吃吃冰、喝喝凉饮不打紧，但妻子那时几乎不分四季天天吃，渐渐的，原本能保护体内五脏六腑的阳气受损了，气也开始运行不顺，身体病痛也就多了。

和我的痛风一样，我们现在发生的病症，并不是前一刻遭受意外才产生的，而是一些恶习在日积月累后，终于在一瞬间爆发，待我们得知的那一刻，多半已是终生无解的病痛。

仔细想想，几乎所有生物都有趋吉避凶的天性，所以风雨来临前，蚁群惶惶不安而走；地震发生前，浅海生物和陆上动物也散得不知所踪；食物中毒或身体不适，猫狗也会自己找到草药治疗。而在人类初始时，虽然没有高深的学问和知识，人们却能跟随着自然定律，凭着直觉远离祸事；反而在号称知识科技进步的现代，人们因为过于重视自己的欲望，以至于开始轻视自然，也不曾关心、留意人体内跟随自然变化的运作法则，让自己朝既知的危险走去，或是，一味追随旁人的方法，忽视了自己本身的需求……

我常常听到修行者的一些论调，说人体不过是一副臭皮囊，受了损伤又有什么打紧，重要的是心平静了，想开了，那么就算浑身病痛，终有一天也能解脱。

听起来，似乎有点佛家"不受外物窒碍"的觉悟，只是，当身体病痛不断时，内心真的能得到宁静吗？

◎ 从心开始 ◎

我前面提过那位得了癌症的朋友，他每天要打一堆针，吃成堆的药，手上尽是针扎的淤青，由于久卧，身上也起了褥疮。在生病前，他还有时间念经、跑道场；但生病后，几乎所有的时间都花在和医生、药物、病痛的交流上，心志更是逐日萎靡。最后，连日常吃食都有问题，哪里还有时间去觉醒、顿悟？

　　我们一般人的修行学佛，并不是像苦行僧一般出世苦修以求得道，而是着重在提升心灵的力量，想要用更豁达的心态，面对外在的难关和内心产生的困惑。如果不好好照顾身体，心智状态会好吗？那又怎么会有坚强的意志去渡过难关？又要怎么让心灵更充实？

　　其实，"人"这个字，原本就是包含身、心、灵的存在，是自然的一部分，只要我们身为人的一刻，身心和自然就是一体的。

　　佛陀所传的佛法，是要我们体悟世间万物，明白自然的规律，而这些道理，其实在人体内都有。偏偏有许多人看不清这层道理，舍近求远，不循着本身的需要修行，反而听从别人的方式，结果把自己的身体视为累赘，还安慰自己，一切都是为了得到更深远的大道理。

一位大师曾说过，所有你知道、相信的一切，都是"别人"用来驯化你的制约，你知道愈多，其实愈不自由。

因此你必须无知，怀着因无知而兴起的好奇、怀疑、叛逆和力量，开始探索个人内在的觉知。探求之后就会有觉察，就会有领悟，这样才有可能得到自己的自由。

这和佛陀的道理是不谋而合的，佛陀从来没有要我们以抛弃肉身为目的，而是要我们了解体内自然的佛性；佛陀要我们忘却肉身苦，也只是要我们在受苦时，保持内心的觉知，知道这些苦是怎么造成的，并观照这些苦的来源和后果。

这世间上有很多苦修者，离群索居逃到苦修的世界

◎ 从心开始 ◎

去，把自己搞得人不像人、鬼不像鬼，美其名是想藉苦行脱离七情六欲，事实上他们只是弄不清楚方向，并借口修行，抛弃了在人世间要做的功课和责任……

当然，我并不是要否定那些真正的苦修者，毕竟每个人都有选择修行方式的权利。只是，对一般大众来说，只要在当"人"的这段期间保持觉知，就是最重要的修行。

从心开始

真实不虚的天堂地狱

很多人并不相信有天堂、地狱，那是因为他们误解了佛陀真正的意思，以为天堂、地狱真的有一个地址，真的有一个实境。

其实，佛家所说的天堂和地狱，并没有一个坐标或空间，当然也不是真的有一个很美的地方，或是充满各种酷刑的空间。

天堂和地狱只是一个状态，当你在极端不安、生气、焦躁中，就是活在地狱；当你心无罣碍，自在无忧时，就是身处天堂。

他是要告诉我们，如果你执著在一件事上面，执著到你觉得它很逼真，那么，那东西就是真实不虚的天堂或地狱。

◎ 从心开始 ◎

例如，有时你晚上做了个噩梦，在梦里被鬼怪追杀，一觉惊醒后，只觉得全身是汗，心跳也快到惊人。虽然你知道梦境是假的，但梦所带来的感受却是真的，作噩梦的那一瞬间，你的状态、感应、神经系统、情感反应都是真实的，你的确是在地狱中。

同样的，有人拜神拜得很虔诚，并认为自己已进入天堂的大门，觉得神佛就在自己身边，这些感受是真是假我们不知道，但他全心信任的状态，一样是真实不虚的，因为他整个人都已进入到那情境中去了，包括他的神经系统、内分泌，甚至整个生理系统，包括脑电波、内脏的动态，全部都已受到这强烈的意识的影响。

我们所处的人世间，就这样充满各种天堂、地狱的幻觉。然而这些幻觉，其实都是人自己制造出来的，只要你执著于它，你认为它是真的，那它就是真的，只有亲身去经历，并看清事件的真实面目后，才有机会靠自己去解构它。

◎ 从心开始 ◎

这也是为何有些人和情人有了距离，反而更容易尝到爱情的甜蜜，因为他们可以在这中间加入自己的幻想。他们不曾用常理去想象，原来白马王子和白雪公主在家也得上厕所，吃完饭也会打嗝、剔牙，更别说睡觉时会打呼噜……

因距离和幻想而形成的完美，让你一想到就脸红心跳、幸福愉悦，这一刻就是最美妙的爱情，也是最真实不虚的个别感受。

但是，一旦距离消失了，幻觉消失了，情人开始认识"真正的对方"后，他们这时候更常说的一句话却是："你以前为什么要欺骗我？"或许还会陷入争吵和憎恨的地狱中。

其实，他真的欺骗你了吗？当然没有，因为人总是自己在骗自己，为自己制造幻觉。所以我会告诉你，要让一个沉迷在爱情幻觉中的人觉醒，最好的方法就是让他去爱人，和爱人长相厮守，有一天他才会真的醒过

◎ 从心开始 ◎

来，发现真相和他想的完全不一样，发现所谓的天堂和地狱，都是自己创造的。

有次聚会时，有个朋友告诉大家，她在书店巧遇初恋情人。之后那男子陆续几次邀她用餐，在一天晚上，他深情款款地对着她说："分开以后我才知道，原来我们才是最适合彼此的那个人，我一直都在等着重新遇见你。可以让我重新追求你吗？"说完，朋友露出满脸幸福的表情。

在场的人听了，都说这太脱离现实了，劝她别太快答应，怕她被骗了。但她完全听不进去，只说了一句："双鱼座男人的浪漫，不是你们可以懂的。"

原来，朋友早在当时置身甜蜜蜜的情境之下，含羞带怯的点头答应了。

谁知经过不到一个月，她就哭丧着脸出现在大家面前，说原来那男人本来就有个论及婚嫁的女朋友；接着说那男人生日当天，是先在女朋友家过完生日才来找她看电影；还说男人知道她发现真相后，居然狠狠地瞪了她一眼，怪她破坏原本可以持续的幸福；至于被爱冲昏头而借他的三十万，当然也没了。

最后，朋友幽幽地说，其实一切都有迹象可循，当初自己不知道为什么会被鬼迷了心窍，而把一切可疑的事情全都合理化了，照她精明的个性，是不应该犯这种错的。

她说得没错，她当时的确是鬼迷心窍，而且害她瞎了眼的不是别人，就是她自己。

只要是人，就会有幻觉，人们总是被自己的幻觉所引导、欺骗，执著地相信自己看到、感觉到的一切，以至于听不见任何劝告。

所以，在她全心相信那个男人的时候，无论他做什么都是合理的，和他在一起就像在天堂一样；后来知道被骗了，每想到他一次，都仿佛置身于地狱中。面对同样一个人，为什么会有这么极端的感受？说到底，都是

◎ 从心开始 ◎

因为过于执著于自己的意念啊!

　　放眼望去,几乎所有的宗教都有天界或地狱的说法,多数宗教的教义也都说,自杀或自残的人,死后将落入地狱,受尽苦难。他们说的,当然也不是自杀者的灵魂真的会受尽各种责难,而是在告诉我们,那些为欠债、为感情自杀,或者因为各种挫折而伤害自己的人,其实在还活着的时候,内心就一直都处在恐惧不安的煎熬中,他们即使活着,也已经是活在地狱里。

　　如果不曾想办法去了解或解除这些恐惧的来源,只会让自己不断欠债,不断受伤害,一辈子也脱离不了内心的地狱,那么就算死了,这些负面的情绪还是会跟随着他们的灵魂,让人永远也得不到安宁。

　　其实,修行就是要我们了解天堂、地狱的真正面目,了解天堂和地狱其实都是真的,也都是人的意识制造出来的幻觉,都是由感官、由很多错觉所构成的,当你没有觉醒的那一刻,它就是真实不虚的那一刻;当某一刻你觉醒了，它就都不存在了。

如果一个欠债的人，不知道自己是怎么欠债的，就算他这次把债还清了，还是会不断在欠债与还债中循环。修行者要看透的，就是这些东西。只不过即使修行多年，很多人还是无法认清这一点。

这让我想到，我有很多博学多闻的朋友，他们有空时总是在读书，看知识性的节目，但不知为什么，这些书和节目所得到的知识，好像融不进他们的生活言谈中。我并不是说他们没有用心去看，事实上问起他们书本的内容，他们都能巨细靡遗地生动描绘，但他们却很少或根本不曾把这些知识实际运用在生活中。于是，书是书，他们是他们，这些知识只是工具，对他们的人生没有一点增值作用。

我的这些修行的朋友，也总是把自己困在执念里，念完经书、听完佛理，就以为得道了，事实上，他们也只是陷入了对自己的强烈暗示和幻觉中罢了。

◎ 从心开始 ◎

其实，真正的修行者应该是：当你在天堂，就去观照你的天堂；当你在地狱，就去观照你的地狱。只有看透了你的天堂和地狱是怎么形成的，了解了它的因果和实相，才不会再落入同样的恐惧或不安中。同时，也不要想去逃避它，因为这就和爱情一样，唯有亲身去经历过，靠自己看透这些幻觉，才会有真正觉醒的一天。

◉ 从心开始 ◉

不要去管天界神界的事

邻居有个不到五岁的小孩,几天来半夜总得哭闹好一阵子,过去探访时,碰巧看到他母亲用香灰泡成一杯热茶,正要喂小孩喝下。我连忙阻止,说小孩这样哭不正常,应该带去找医生看看才是,但她一脸不以为然,说这香灰是"师父"给的,专治小孩儿怪病,还怪我多管闲事。

直到妻子来了,婉言说她头疼要去医院,不如让我们顺道带小孩去一趟,他们夫妇俩想半天,终于答应和我们一起出门。

做过检查,医生说小孩是长期感冒未就医,并发肺炎链球菌感染,如果再晚几天送医,恐怕会有生命危险。这时,邻居夫妇才露出慌乱神情:"可是师父说小

◎ 从心开始 ◎

孩是被外面游魂吓的,还说吃几帖香灰就没事了!"

也许是民俗风情的影响,许多人在遇到不如意的事情,例如生病、出意外时,第一个念头往往是去庙寺中求神拜佛,而不是检讨平日有没有注意身体状况,或走路开车时不专心,才导致发生意外……求神拜佛听了师父的话语后,也不曾细思这里面有没有什么奇怪的地方,就这么傻傻地相信了。

在人们的日常生活中,鬼神像是不可或缺的一部分,人们对其既敬且惧,忘记了人应该有自己的一套生活方式,和神和鬼都是不相干的。

但是多数人却显得沉迷了,就拿我那邻居来说,他们因为对鬼神太过敬畏,以致全然相信江湖术士的说法,小孩反而因此受苦,还差点丧命。

不久前也有新闻报道,有个读研究所二年级的女孩子,因为父亲病重,经朋友介绍后,她认识了一个"相当有道行"的男子,说可以做一些改运法事来解救她的父亲。于是他们约在一家汽车旅馆碰面，结果，女孩被性侵得逞，父亲的病当然也没有治好。而多数人对于这女孩有硕士学历，居然还被骗财骗色，都觉得不可思议。

甚至有些人，恰巧在路上遇到神棍对他说："你身后有东西跟着，恐怕对你的运势有害。"于是就花了好几十万买所谓的平安灯、安魂支座回家摆……

为什么这社会上，竟有这么多借着宗教名义敛财、骗色的事件发生？偏偏这些骗术又都能得逞？我想，这都是因为人对神鬼之说太"迷"了。信仰和迷信是两回事，单纯的信仰，并不会丧失自己的判断力；但迷信的人，只要一牵涉到相关事情，基于敬畏、害怕的心态，常会不问是非始末就慌了手脚，也开始否定自己的理智和想法。

其实，很多修行者也是如此，因为迷信佛法、佛理，迷信因果轮回，一味否定现存的自己，否定肉身，

◎ 从心开始 ◎

否定科技医术，以为只要靠吃斋、求神、拜佛、行善积德，就能从病痛或折磨中解脱，这些其实都是违背佛陀本意的。

佛陀一直要我们开放心胸，所以他说众生，包括虫、蚁、花树。这些生物、植物都有佛性，可见佛法多么开放，如果我们为了修行而否定外界或本身发出的其他讯息，就已经失去了修行的意义。

佛陀要教给我们的是"道理"，是一种觉察所处世界，觉察自我意识和生而为人的道理，他要我们去发现、去观照一切事物的发生和结果，一旦你过度沉迷在一件事里头，包括宗教或修行，就不但无法看透，还会让你不自觉地随人起舞，因外物而悲喜，同时把修行变成另一种执著。

当然，我并不否认鬼神的存在，甚至是认同的。

长期以来，有科学背景的台湾大学校长李嗣涔先生，就一直致力于手指识字的研究，他也发现，一些和宗教有关的字，例如"佛"、"菩萨"、"耶稣"等字词，小朋友在不知情的情况下触摸字上后，都会看到异象，例如一片光亮、发光微笑的人、十字架等，与平常"看到字"完全不一样的经验。

李先生说，也许不同的神圣人物或事物，均有对应的信息网页，经由这些特殊关键字的联系，进入心物合一状态的人就可以与信息场（俗称的灵界）相通。

也许我们不能因此笃定地说，他们所看到的真的就是神鬼的讯息，但我们受五官的限制，只能接收到一定频率的音波、光波却是不容置疑的。也许在我们的感受之外，的确有不同的空间或世界在运作；也许也有不同的神祇，例如耶稣的存在；也说不定在我们的肉体消失后，真的可以到其他空间去。

所以，我们当然不需要也没必要去否定天界、神界、鬼怪等这些异空间的存在，那终究离我们太远了，也太不确定了。

◎ 从心开始 ◎

既然我们身为人，以人的形体来到这个空间，那么无论神佛存在与否，都不应该太过干扰我们身为人的价值和现况。只要你不沉迷于它，并随时保持觉知，就不会被一些似是而非的道理所惑，阻碍修行的道路。

与其试图在茫然中找出通往未知之地的路径，大家更应该思考的是，为何我们会以这样肉体的形式来到这个世界，生存在这样频率的空间里？这种安排一定有它的道理在。

哲学家赫拉克利特（Heraclitus）说："人们所在的地方，也就是他们不在的地方……醒觉的人所在的世界是共通的，沉睡的人则各自活在单独的世界……"似乎也是在说明这个道理。

我们身为人，却总是去想着其他空间的事，反而看不清自己所在的世界，这不就印证了"人们所在的地方，也就是他们不在的地方"这句话吗？很多修行的人，以为自己开悟觉知，也为了即将脱离肉身而欣喜不已，这其实也只是落入自己不自知的执著和误解罢了。

上天给我们肉体，不是要我们受苦，而是给我们觉醒的机会。

我们身处目前的这个空间、使用这个肉体，就应该用这个身体和心念好好去修行、去观照，看清楚为什么我是人，我的烦恼是怎么形成的，把意念和重心，放在现在这个时空的"我"身上。

不要忘了，我们每个人，都有很多贪、瞋、痴要修，都有很多事要学，既然我们有幸拥有这个人身，就该把身为人的部分做好，而不是专注在那些遥远的、未知的天界神界的事啊！

◎ 从心开始 ◎

人，只是未觉醒的佛种子

之前，有个初学佛法的朋友跟我说，虽然大家都说塞万提斯（Cervantes）笔下的堂吉诃德（Don Quixote）是个疯子，他却觉得那才是修行者应该达到的境界，"你看，在堂吉诃德的眼中，自己不是自己，却可以是任何人。当他成为其他的角色时，四周景象也跟着变幻了。"他说的，是堂吉诃德以为自己是骑士，并真的把自己和周遭环境，全部融入骑士故事这回事。

朋友认为，佛家说的无我无相，指的就是不要局限于某种身份或样貌，并认清自己什么也不是、四周的一切尽是虚幻。当自己不是自己以后，对一些人和事物的观感就会改变，甚至消散，如同在堂吉诃德眼中，客店变为城堡，女侍变成公主一般。

◎ 从心开始 ◎

听他说得口沫横飞，我却觉得难过，因为这又是一个只把佛法听进一半的例子。他以为这种境由心转是好的，却忘了佛说的无我无相，应该是一种透彻的观照，而不是因为认不清自身和环境所产生的妄觉。

而且，在故事的最后一章，堂吉诃德将死之前，还是恢复了自己阿隆索·吉哈诺的真实身份，并懊悔曾身为堂吉诃德的这些事。这难道不值得深思吗？

其实，在佛典中也有一个类似的故事：

有个人娶了一位美丽的姑娘为妻，过着人人羡慕的日子。一天，妻子到酒窖去取酒，当她打开酒瓮的盖子要舀酒时，竟在酒瓮中看到一个年轻女子和她对望。妻子又惊又怒，是丈夫嫌自己不够美丽吗？是丈夫变心了吗？为什么另外找了个美女藏在家中？妻子愈想愈气愤，便离开酒窖，对着丈夫怒骂："你这薄情无义的负心汉！既然你喜欢她，你又何必娶我呢？"

◎ 从心开始 ◎

丈夫听了，困惑地走进酒窖，想看看是怎么回事。当他向酒瓮中探头时，竟发现一位英挺的男子！于是，丈夫也冲到妻子面前大吼："你把男人藏在家里，还有脸恶人先告状？"

这时，住在他们家中的一个婆罗门朋友赶来劝架，结果，当他往酒瓮中一探头，却发现年轻人竟然另外结交了一个婆罗门，还瞒着自己把他藏在家里供养！于是，婆罗门立刻拂袖而去。

佛陀看到了这情况，便化身成比丘来到酒窖中，"众位大德，我现在就为你们叫出这瓮中人吧！"佛陀拿起一块大石，重重朝酒瓮砸去，只见酒洒了一地，哪有什么男人、女人、婆罗门？

这对夫妻，以及被佛陀叫回来的婆罗门看了，尽是满脸羞惭，原来自己只是被眼前的幻象所骗，被独占、嫉妒、猜疑等负面情绪所侵占，才会看不清事情的真相。直到经过佛陀开示后，他们终于破了我执而开悟。

◎ 从心开始 ◎

这世间的幻象何其多？而这众多的幻象，其实都是人自己制造出来的。

在这花花世界中，人很容易被眼前的一切所迷惑，也很容易因为执著而产生幻象，误把幻象当做应该遵循的道路，愈走愈偏，愈走愈错……以致找不到适合的水和肥料来灌溉体内原本就有的佛的种子。

除此之外，也有很多找不到路或走错路的人，误解了佛法的本义，以为所受的苦都是肉身惹的祸，是肉身牵制住自己，才会让人深陷苦海中，于是不但不爱惜自己的肉身，还存心毁坏它。他们不知道，其实一切的苦乐，都是因为无法观照过去未来，无法看透事情的真相而来；他们也不知道，一旦肉身消失了，在肉身内成佛的种子也跟着消失了。

曾经有人问我，佛家不是慈悲至上、不愿杀生吗，为何竟要信众脱离肉身？这不是和教意背道而驰吗？

其实，佛要我们脱离肉身，是希望我们的心志能摆

◎ 从心开始 ◎

脱因肉体所产生的各种欲望和喜、怒、哀、乐，一旦被肉体的欲望所困，人将无法深入内心进行观照，也无法客观地觉察一切事物的是非。

我在路上曾看到过几个出家人，他们手里拿着昂贵的手机，脚下踩着名牌球鞋，我忍不住上前询问，为什么出家还要佩戴这些东西？

他们说，这是信徒供养的，一旦信徒有需要，就会打电话给他们，向他们问法修行，反正回答几个问题就有供奉金可取，还可以导人向善，何乐而不为？

我有点啼笑皆非，曾几何时，出家人成了生命线？问法修行竟也成了一门生意？在我眼中，这些出家人不是出家人，只是被外在物欲所牵引的生意人；而那些问法的人也不是修行者，他们只是认不清"自己"和"佛法"的附和者而已。

这个世界上，可怕的不是有什么阻碍你成佛，而是你自以为成佛的钥匙只有一副；或者，"自以为"自己已经参悟得道的法门。

佛陀一直说，每个人都有佛性，每个人都是成佛的种子。

这是要告诉我们，每个人都有开悟的能力，都有适合自己的成佛之道，就好像每一颗种子，都有适合成长的地域和气候。我们每个人都拥有独一无二的开悟密码，前提是要先明白自己，观照自己；同时，不要盲目地跟随经典或师傅，才有可能走好自己的路，成自己的佛。

◎ 从心开始 ◎

第二篇

你是独一无二的"待成佛者"

原地踏步的玩具兵

有个老富翁热心助人，又常年礼佛，几乎是全村里对佛陀最虔敬的人。但是有一天，邻人来报讯，说他的独生儿子被恶棍杀了，曝尸荒野多日，今天才被发现。

老富翁既难过又生气，他站在佛陀面前，一脸怨恨地质问他："我诚心诚意服侍您这么多年，为什么您不但没有保佑我，竟然连我唯一的儿子都夺走，留我一人在世间承受孤单折磨，您还配当佛陀吗？"

佛陀摇摇头，说："你只有身子拜我，心却从没听过我。"

老富翁更加恼怒地说："您这是什么意思？我几乎天天来听您说理，心怎么会从没听过您？"

◎ 从心开始

佛陀微笑："你耳朵虽然听着，心里却总想着什么时候才能回去，怎么才能赚钱；你耳朵虽然听着，却未曾观照一件事的始末，未曾对现况做任何事，所以你现在才会来责怪我。"佛陀顿了一下，问："你可曾想过，为何你儿子会有这般下场？"

富翁摇摇头。

"你是否还记得，你儿子十年前曾因为一时好玩，不小心放火烧了一户人家？当时你为了抹灭这件事，买通官府和官员，让这件事以意外结案，后来因为良心不安，你才开始信佛、拜佛。可是，你儿子照样为非作歹，你却从没劝过他，是吗？"

富翁羞惭地点点头。自己信佛的确只是为了逃避良心谴责，只想为儿子赎罪、积德。

"杀了你儿子的恶棍，就是十年前那场火灾中，唯一的幸存者。他失去了一切，只能去当乞丐，后来被几个强盗相中，要他加入他们一伙。你儿子就是几天前，

◎ 从心开始 ◎

在路上撞到他,还辱骂他一顿,才会惹恼那恶棍而被杀啊!"

富翁这才知道,原来一切自有因果,如果自己在那天过后,循循善诱,好好教导儿子明白是非对错,今天说不定就不会发生这件事。他却以为只要好好求神拜佛就能得到保佑,反而忽视自己亲手就能做到的事,这不是很愚昧吗?

这个世间,学佛的人有两种:一种是逃避者,把责任都丢给佛陀;一种是觉醒者,先发现自己的伟大和佛性,进而领悟佛陀要我们自己救自己的本意。

那些把佛法当成逃避烦恼和苦痛的麻醉药的人,等于是原地踏步的玩具兵,不管他的脚步多快,永远也无法前进。

佛陀,对这些玩具兵型的学佛者来说,不是心灵的导师,而是一尊可以寄托心灵渴求的偶像。这类学佛者以为只要每天虔诚念经,就可以把所有的苦和烦恼不安

◎ 从心开始 ◎

都丢给佛陀。因此，我常听说很多强盗、杀人犯，白天犯案，晚上就拼命念经来洗刷自己的罪恶，也有人像这位富翁一样，做了错事就烧香或布道施舍、花钱放生，好像施舍愈多，功德就愈大，自己做过的错事就不存在了。

其实，我们可以认真想一想，如果所有的罪恶和不安，都可以用这样"交易"的方式，推给佛陀或其他神明，那么，这个世界只怕将变成人间炼狱……

假使每个作恶多端的人，只要在事后念经、拜佛就能洗刷罪恶，那么今天杀了人的人，是不是在神佛面前跪一夜，明天就可以像一切都没发生过一样？他们虽然认了错，却不曾真心悔悟，只会陷入"犯错——念经认错——犯错——念经认错"的不断循环中。如果这些人最后一样可以到达西天极乐世界，仍然可以成佛，这不是非常讽刺的事吗？

佛陀最初所说的法，是要人们觉醒，自己从各种苦乐滋味中，用心去体验，然后超越这些妄觉，远离颠倒梦想。但是这个法，到了两千五百年后的现在，却变成民俗宗教自我安慰的工具，还有人拜佛拜到最后，否定自己的一切，否定人的所有价值，以至于到死之前仍搞不清楚，他只是一个活在妄觉中、原地踏步的玩具兵而已。

有一个长年修道的老和尚，念经文时常会前后颠倒，左右不分，眼睛视力也愈念愈模糊。他一直以为是自己念经不专心，才会遭佛祖惩罚，于是更用心地念，也更虔诚地拜，但情况却愈来愈糟，直到眼前一片雾茫茫，连走路都有困难，才由家人陪他到眼科诊所就医。结果医生说，老和尚是因为患有白内障，视力才会变差，加上没有及时就医，白内障已经恶化，才会完全看不到东西。

但老和尚还是坚信，白内障是果，他念经不专才是因，所以即使看不见了，他还是去买了佛法光盘回来播

◎ 从心开始 ◎

放，每天听，每天跟着念，完全不听医生的建议，到最后，眼睛终于完全瞎了……

其实我们都知道，让老和尚瞎了眼的根本不是神佛的处罚，而是他自己的执著和妄觉。修行多年，在他的心中，佛陀还是一尊会赏善罚恶的偶像；念经多年，还是不懂佛法的本意，并不是让人执著于佛理中，而是要我们借着这些道理，看清生活中的妄觉和幻象，让人生的脚步可以用更豁达、更清晰的思绪向前迈进。老和尚就是一个远远看着佛陀这尊泥像，却无法前进的玩具兵。

先不要笑他傻，我们每个人都会陷入不同的妄觉中。有人向神求家庭和乐，有人祈求身体健康，有人求神佛保佑感情顺利，也有人一到彩券开奖日，就蜂拥而至乩童跟前求名牌……因为，我们相信的确会得到祝福和帮助，所以不曾觉得这些行为可笑；也因为我们确实这样相信，才会一直在原地踏步，却不去解开绑在脚

◎ 从心开始 ◎

上、名为"我执"的绳索。

佛陀不是救世主,他只是一位智者,将他所明白的道理告诉大家;佛法也不是万灵丹,只是一本参照手册,告诉我们开悟的其中一个过程和最终目的。如果我们无法看透这一点,就只会像老和尚一样,明明有医生指示,还是宁愿相信自己的偏方,到最后,别说病治不好,恐怕连好好活着都有困难。

◎ 从心开始 ◎

如果你还没找到自己，请不要学佛

据说，在佛陀时代，有一个年轻人，因为是家中独子，父母从小就对他呵护备至。等他长大后，父母希望他能随良师学习，但是年轻人从来不肯用心学习，几年下来一无所成，父母只好失望地要他回家治理家业。

但年轻人挥霍无度，又缺乏管理智慧，家道因此中落，加上他从不肯接受别人的意见，兼之平日蓬头垢面，不修边幅，所以大家都很讨厌他。面对这些境遇，年轻人不但从未自我检讨，还怪父母、师长、朋友，甚至连祖先神灵都怪上了，认为是他们没有好好庇佑，才会害自己沦落到今天这种地步。

◎ 从心开始 ◎

最后，因为日子实在过不下去了，年轻人心想："我干脆去跟佛陀学道好了，听说跟他学道的人每天都笑容满面，或许是因为他会给大家一些好处。"

于是年轻人来到精舍，要求佛陀收他做弟子。

佛陀说："你如果无法认清目前身上有哪些恶习，即使跟随我修行也没有用。你必须先回去，好好孝顺父母，研习老师教导的事理，并且好好治理家业。最重要的是，要注意自己的言行、仪容。等你全都做到了再来吧！"

年轻人为了将来能得到最大的利益，便听从佛陀的教诲回家，不但孝顺父母、尊敬师长，更勤修家业，并以戒法来规范自己的行为。

过了三年，年轻人又来到佛陀面前，并诚心地顶礼佛陀，对佛陀说："这三年来我谨遵您的嘱咐，去除了许多恶行，也已明白自己原本的面貌，我现在已不是为了利益而来，而是想寻求真理，恳请佛陀允许我跟随您

◎ 从心开始 ◎

修行。"

佛陀微笑答应了，年轻人自此出家，他日日精进，思维止观、四圣谛及八正道的道理，不久就证得了阿罗汉果。

很多人把佛法当成逃避的工具，以为信了佛法就会万事如意；也有很多人把佛法当成治百病的万灵丹，以为吃了药就能百病不侵。这都是对佛法认识不清的误解。其实，学佛的意念和醒悟，应该要如同某禅师说的："除非你的心灵之眼开启，除非你的内在充满光明，除非你能看见自己是谁，否则你是不可能醒觉的。唯有加深你的觉察，才能找到宁静醒觉的空间。"

我们每个人都是一个装了清水的杯子，杯子的大小、形状、颜色各不相同，里面的水却都是澄澈的，只是受到俗务和七情六欲的侵扰，水才渐渐变得浑浊，不复原来单一、清澈的面貌。

◎ 从心开始 ◎

而佛法，就好比是能把这些五颜六色的污渍去掉，还原清水本来面貌的还原剂，只是，多数人还没认清自己是什么杯子，现在盛的是哪种水，就把眼前所见、随手可取的药剂胡乱灌入杯内，结果往往是水变得更浑浊，甚至连杯身也受损了……

我在新闻上看到，有一名信奉印度静坐教派的女子自杀了，于是一时间众说纷纭，有人说是女子修行过程或教派的教义有问题。但很快有会员出来澄清，说他们的教义是以探索生命为目的，会员除了要通过三个月吃素的考验，自杀还被列为相当严重的罪，对于有人自杀殉道这件事，他们都感到难以置信。

我始终觉得，一个不了解自己、对什么都执著的人，是不能信教的。

为什么在一开始的故事中，佛陀不愿收年轻人做弟子？这是因为年轻人还没真正经历过人生，还不知道自己真正的需求是什么，只知道要有钱才能过日子，求佛

◎ 从心开始 ◎

陀也只是为了脚痛医脚，想设法求得一线生机。这时候的他即使出家修行，也无法真心容下佛理；更严重的，说不定就如自杀的女子一般，因为自己的主观认知，往往把真诚助人的道理也曲解了，最后得到的不是解脱，而是把原本客观的意见，变成根深蒂固的执著。

错误的结果，往往是误会造成的。我们人啊，常常误以为外在的东西之所以存在，都是为了让人活得更好。所以，鸡、鸭、牛、羊活着，就是为了让人填饱肚子；蔬菜、果树生长着，就是为了让人身体强健；而佛法之所以存在，当然是为了帮人升天成佛……一切进行得如此理所当然，没有人会去探究更深层的理由。

其实，放宽眼界来看，人不也和万物一样，只是宇宙中的一粒微尘？佛陀的法一开始会出现，也不是为了助人升天，而是要我们去觉察，去看透自己的内心，看透人生，看透烦恼，也要看透尘世间的一切情感，原来都是人自己制造出来的幻觉。

◎ 从心开始 ◎

也就是说，如果一个人根本没正视过自己，不知道自己是用什么眼光来看世间一切运作，那么无论怎么看这世间，都不会是清心自在的观照。

可惜的是，佛法一代传过一代，对佛法中的误会也跟着以讹传讹地流传下来，人们渐渐失去佛理的真意，反而把误解、神化过后的佛法当成真实的佛法。

我曾在路上，听到一个刚回国的母亲，对她十岁左右的小孩说："看来看去，还是台湾的环境干净。"

小孩仰起头回答："现在看起来是这样没错，可是，上次你带我去德国，回来时我就觉得台湾好脏喔！"

那母亲略略顿了下，然后摸摸那小孩的头，告诉他："你说得没错，是妈妈太主观了，忘记世界是很大的。所有的东西和不同的事物比，就会有不同的结果，只有跳脱出固定的环境和思维，才能得到最好的答案，你以后也要记得用这种态度看待每一件事喔！"

看到这一幕，我觉得很感动，不只是为了小孩看得

◎ 从心开始 ◎

透彻，还有母亲的豁达和开放。

我看过太多父母在面对孩子真诚的批评时，为了捍卫自己的威严和认知，还没细思过孩子的话，就一味地禁止和教训。这是多么可惜又可叹的教育方式？只因为孩子的话和自己的观点不合，便认为他是错的，结果不但失去让自己进步的机会，连带也扼杀了孩子的无穷创造力，让孩子失去表达自己意见的机会，也得到"只有父母认可的东西才正确"的观点。

很多人修行时也是这样的，有太多人不了解佛法的本义，对内应该是寻求自我、观照自我，对外则是开阔、宏观的，于是用吃素、念经、求神等外在方式，想达到内心开悟的境界，于是不断向外追求自己原本就有的秩序和感知，还鄙视不同于自己的教派、修行者……这些行为，不但无助于自己的修行，恐怕还容易让人陷入死胡同里，怎么也找不到正确的道路。

所以我要告诉你，如果你还没找到自己，请不要学

◎ 从心开始 ◎

佛，因为在你还没看清自己、不明白自己的需求之前，佛法不是佛法，而是另一种执著；相反的，一旦你能找到自己、观照自己的所有行为和思绪，佛法也就在咫尺之间了……

◎ 从心开始 ◎

地图不是实境，佛经也永远只是佛经

车上新装了一台GPS（卫星导航系统），有一回载着全家大小出门游玩，走到一条小路上，跟着导航系统走，妻子突然开口："我记得前面路塌了，要不要换条路走？"

我笑她："有了这东西一切OK啦！它会知道走哪里最好、最省时。"妻子不再说话，也没必要说话，因为转过一个弯，路的确塌了，小路上没得回转，只能慢慢倒车出去，花了半小时，总算回到妻子建议换条路走的地方。

看着妻子"我就说吧！"的眼神，我只能苦笑。

我们常常忘了，地图不是实境，只是一个参考的模

◎ 从心开始 ◎

板，它不会知道哪边路滑、哪边塌方、哪边修路，以及是不是有各种突发的状况，导致路上无法通行；又或者，这条路是不是真的如地图上所标示的，能直接到达目的地……偏偏人又习惯按图索骥，而且一旦对某些东西付出信任后，即便有人提出警示也是充耳不闻的。

举个例子来说，我发现，现在很多坊间的书都是以男女情感为导向，包含各种言情小说、交友教战手册、星座解析书、怎么搞懂你或你的另一半、怎么样才会受异性欢迎……真是琳琅满目。

翻翻内页，发现多是教人第一步欲擒故纵，第二步体贴取胜，第三步花言巧语……或者根据星座解析，哪一种星座的对象适合哪一种追求方式，哪一种血型喜欢哪种餐厅……还有一些来得莫名所以的数据统计。

之前有位同事，买了一本教男人如何明白女人的书，里面说了些"女人说不要，其实是欲拒还迎"、"女人唠叨是天性"、"女人不爱痴情男"之类的"招数"，

◎ 从心开始 ◎

同事也真的一一照做了：硬带着累到不想逛街的女朋友去逛街买东西；女朋友一唠叨，二话不说先闪出门逃离轰炸；反正女人不爱痴情男，那就拼命夸别的女人好，说别的女人温柔……

不到半个月，只见他红着眼进办公室，表示和女友分手了。

也有几个女性朋友，谈感情绝对遵照星座书指示，白羊座男人最爱热情如火的女性，平常文静的人，会变得热络爱说话；摩羯座的男人喜欢女友安静内敛，平常看到什么都会有感想的人，也转战文字记录……我们都笑说，只要看她们行为大大改变，就知道谁又结交了新对象。

有几次我忍不住问："你难道没有自己的个性和脾气吗？这样随着对象变来变去，哪天你们结婚了，开始长久相处，难道你能隐藏自己的真实性格，配合他一辈子吗？"

◎ 从心开始 ◎

朋友耸耸肩："反正书上都是这样写的，而且等结婚了，他想后悔也来不及了。"

这样的回答虽是预料之中，但心里还是会想着，这些带领情人前进的感情地图，是不是忘了在书前警示，这个世界上没有两个一模一样的人，也不可能有两段一模一样的感情，跟着书走，跟着书改变自己或对方，也不见得能得到最好的感情。

看到这些书长居畅销书榜，我不禁要想，这世界到底怎么了？如果人与人之间的相处，真的可以从几本书中学到，那也未免太小看人类的复杂性了！可叹的是不少年轻人还是宁愿相信这些教战守则，也不愿多花点时间了解自己、了解对方、了解彼此的相处模式，即使这些才是真正和谐相处的关键。

当然了，我并没有要大家放弃地图或习惯的意思，而是希望大家不要因为信任外物，受外在影响，而怀疑自己或对方所拥有的能力、直觉和本性。因为，我们按

◎ 从心开始 ◎

地图走，即使走错了，还是能回头再觅正确道路；可是，我们的感情走错了，人生的道路走岔了，却是再怎么后悔也不可能回到当初的。

可惜的是，不只是想要谈一段感情的人，另外有很多学佛的人，也把佛经当成人生实境，期望能靠着佛经，看到自己的人生模板。

从前，有个虔诚的佛教徒，有次和妻子发生争吵，结果妻子气得干脆把家里的金饰、银饰，以及最珍贵的锦缎全穿戴在身上后，带着所有的金银财宝离家出走了。丈夫急着出去找她，逢人就问："你有没有看到一副牙齿走过去？"路人都笑他是疯子，直到遇到一个和尚，和尚反问他："你怎么会要找一副牙齿呢？"

丈夫回答："因为我的妻子全身佩戴金银饰品，脸上擦着胭脂水粉，身上穿了珍贵衣物，佛经里不是说，这些都是身外之物，都要视而不见，所以，我只见到她

◎ 从心开始 ◎

没有装饰的部分啊!"

和尚忍不住笑了,"难道你平常看到她,都只有这样吗?难道旁人看到她,也只剩牙齿吗?如果照这样说,你眼前所见的其他人,也都只剩一副无法装饰的牙齿了。佛经要告诉我们的,不是不去看这些装饰,而是要看透这些装饰。佛陀要告诉你的,不是知识或常识,而是感受啊!"

丈夫又疑惑地问:"可是,我怎么能知道佛陀的感受呢?"

和尚摇摇头:"你又错了,佛陀不是要你知道他的感受,而是明白你自己的感受。佛经中从来也没告诉人们修行的方法,只告诉我们修行的心态。一旦我们心态对了,那么无论怎么看世间万物,都是对的。这个时候,即使你的妻子装扮的完全不像她,你还是能不被外在的面具所惑,观照出她的真实个性啊!"

丈夫细思了一番,微笑着走到和妻子常去的溪边,

◎ 从心开始 ◎

果然看到妻子坐在石上哭泣。妻子看到他后大感奇怪："你怎么会知道我在这里？"

丈夫笑了："我一直忘了，其实我知道你的个性，当然会知道到哪去找你，只是以前从来没这样想过，才会一直去问别人。现在我知道这件事了，果然找到你了。"

这和尚说得真好，心态对了，看什么都会是对的；心态如果是错的，每日诵经千遍万遍，也不能体会佛典的真义。

丈夫也说得好，其实真正要到的地方就在自己心里，只是自己从来没发现而已，一旦发现了，目的地就在眼前了。

两千五百年来，佛家典籍愈译愈多，佛家教派愈分愈细，这里面没有谁是谁非，因为，这些都是每个人在习佛修行后，从佛典中得到自己的启发和感知而来。

◎ 从心开始 ◎

如同地图和实境的距离,佛经也只是佛陀个人的修行纪录。他无法知道你会在什么环境遇到什么困难;他也无法知道,你会遇到什么样的贵人或小人。他只是提供你一个心灵的方向,告诉你凡事不要太执著,不要太牵挂,遇到什么事,先觉察自己的感受,观看自己的内心……

佛经只是佛经,真正的佛理,其实在你的心中。

◎ 从心开始 ◎

看时钟吃饭的傻子

看过一个笑话，有个人平时总是六点吃晚餐，十几年来从没变过。结果有一天，他被人发现饿死在家中，大家觉得奇怪，明明满桌饭菜，怎么他不吃，硬要把自己饿死？

后来发现，原来是他家的钟坏了，一直停在五点半，这人就坐着，要等时间到了才动筷，三五天来只拼命喝水，居然把自己饿死了。

人常常在接受过多外来信息时，反而忘了自己的本能和真正的需求，忘了人有自己的生理时钟，所以会饿、会渴、会疲倦、会想睡，偏偏有人不相信自己的感受和情绪，反而对其他人的说法深信不疑，这不是很傻吗？

我记得，还在学校读书时，有个平常还不错的同学阿萧，有天跑来问我："我的个性是不是很讨人厌啊？听说有好几个同学不喜欢我，可是我明明没做什么坏事啊……"

我还记得自己大概是这么回答的："一个人不管再怎么好，也不可能同时得到大家的喜爱，毕竟人有千百种，情绪有千百种，喜欢的事物也都各不相同，与其担心怎样得到每个人的好感，还不如当好你自己，喜欢你自己，那么别人也会被你吸引的。"

结果，隔天另一个同学跑来骂我："你昨天到底怎么跟阿萧说的？他说你告诉他，有人就是不喜欢他，唉！这话很伤人的。"

一时间我倒是不知从何辩解起，也就不多说了，只知道阿萧在接下来的日子里，愈来愈沉默，也愈来愈孤僻，有时去找他谈话，他只是闷着脸，问我该怎么做才会好一点。只是，问归问，说归说，他还是执著在别人对他的看法里。毕业后也很少再听闻他的消息，只知道他好像离开家里，到精神疗养院去了……

曾经听过一个故事，有个小和尚某天很苦恼地去找师父，说："我刚刚出去采买，结果张大叔骂我偷懒，专挑轻松事，李大婶却赞我勤跑多劳是个好孩子；赵老先生说我文盲一个没用处，吴大姐却说我出口成章好学问；钱员外家的狗对我凶巴巴地汪汪叫，县官家的猫却又对我磨磨蹭蹭一片依赖。到底，我是好还是坏？我在大家眼中究竟算什么呢？"

师父笑而不语，伸手指指路旁一棵树一朵花，然后指向自己，又指指小和尚，接着伸手抓起一把沙子，一吹，沙子散向空中，马上不见踪影。

小和尚恍然大悟，"树就是树，花就是花，你就是你，我是自己，万物来世间一趟，最后也都会幻化为沙尘。既然我们是现在这模样，好好当自己也就是了。"

◎ 从心开始 ◎

可不是吗?"既然我们是现在这模样,好好当自己也就是了。"人体中有规律的循环,有自己的意识,每个人也都有独特的想法。饿了就该吃东西,因为身体在提醒你体内能量不足够;累了就该休息,因为体力、脑力不足以负荷过度劳累;有不同的意见就应该表达,毕竟事物都有不同的面相,我们必须从相异的认知去交互观察,才有可能觉察事情的真相。

偏偏,很多人只会接收信息,以为得到的信息都是对的,从不曾去观照自己的内心。其实,同样的信息对不同的人来说,也会有不一样的影响和结果,假如你从没用心了解自己需要的、拥有的是什么,就会像看钟吃饭的傻子一样,舍弃自己唾手可得的满桌饭菜,却让不能动的钟,左右了自己的决定和生命。

有个朋友出车祸,打了石膏躺在病床上,我去看他时,他只是不住口地抱怨:"早就叫我老婆买车时不要挑四开头的车牌,她就是不听。现在可好,新车全坏

◎ 从心开始 ◎

了，人也住院了，还得赔人家一笔钱，哼！气死我了。"他老婆则一脸爱理不理坐在一旁，咕哝着什么"这也要怪我"之类的。

我向她问了车祸经过，才知道是朋友开车时接手机，没看到红灯亮起，闯过去后，和左侧来车撞个正着。

这哪里是车牌的问题？都是自己开车不守规矩惹的祸啊！但朋友就是这么认定的，好像只要车牌换了，他就不会接到手机，也不会碰巧遇到红灯，当然也不会出车祸了，所以，一切都是老婆和车牌的错。

听起来是不是很没道理？但在我们生活的环境中，却常常出现这种状况。

有个妇人，因为丈夫外遇，求助于一名自称拥有六神通、持有"灵界执照"，可以穿梭灵界谈判，还能透视前世今生的老师。

老师看了看她，把妇人与先生纠缠不清的累世因

◎ 从心开始 ◎

缘,洋洋洒洒从第一世的"人鸟恋",说到第八世,最后要求妇人必须替先生超度前世恶灵,才能摆脱累世以来的冤亲债主……妇人当然一一付钱照做了,谁知,后来这名老师因恐吓及诈欺等罪名被移送法办,妇人的问题,当然也没有解决。警方查阅了老师的档案夹,竟发现有两千多名的受害者……

丈夫外遇,真的是前世今生惹的祸吗?那些去求助师父看前世今生的人,问题症结真的是源于渺茫未知的前世吗?我想并不是的,这只是一个借口,一个安慰,一种临时抱佛脚的心态,只是不想去发现平常就明显可见的问题罢了。

长久以来,人们已经习惯在神佛身上,在佛经之中找安全感,却忘了或根本没发现,自己本来就拥有解决困难的力量。其实,我们只要动个筷,就能解决腹饥的问题;只要睡个觉,就能把昏眩感征服;只要多一句问候,彼此间的疏离就会消失;甚至,只要多观照自己,

◎ 从心开始 ◎

就能看到佛法的种子，一直附着在我们身上……

　　我们不需要看钟吃饭，因为人体内就有自己的时钟；我们没必要求助于前世今生的渺茫，因为人有自己的意志、感受和做法，可以改变现状；我们也没必要为了佛陀的法而修行，因为佛法是果，修行是因，只要我们在修行过程中，能把自己的对错看得透彻，那么这个历程，其实就是佛法，就是我们自己的顿悟了。

◎ 从心开始 ◎

围着路灯膜拜的人们

每年过年前,总会发现几个非常有创意的点子,像是愈来愈盛行的年夜饭包送到府、专门陪人打麻将的"驻家牌搭子",还有替人排队买机票或火车票的"驻站人员"等等,都算是应时应景的特殊行业。不过,几年来最让我惊讶的,算是网络点平安灯了。

点平安灯算是中国传统的习俗,为的是求来年平安顺遂,近年也许是受到各大庙宇点灯人潮众多的影响,加上网络发达,这种网络点平安灯的系统,也渐渐多了起来,充分反映出一种"有拜有保佑"的心态。

这件事,让我想到儿子之前说过的一个小故事:

在池塘里有一群青蛙,有一天它们决定要一个王来带领它们，于是大家一起祈求天神，希望天神能选派一个王给它们。

经过几天几月不断呱呱呱的祈求，天神有点烦了，他朝池塘抛下一块木头，告诉青蛙们："这就是你们的王了，以后不要再来烦我了。"

青蛙们很开心，总算有了王，它们也相信这个王会像所有传说中的王一样，带领大家团结一致，抵抗外来的侵略。

某天，有一条大蛇来到池塘边，平常看到蛇就四处逃窜的青蛙们，这次不逃了，因为有天神赐予的王会保护它们。谁知蛇竟然沿着池畔爬上木头，几只傻眼的青蛙动也不动，就这样被大蛇吞下肚了。

其他存活下来的青蛙一脸不可置信，开始你一句我一句，痛骂着它们的王和天神，只是这样也于事无补，骂累了的青蛙们，过几天还是回到池塘里，继续崇拜它们的王。

◎ 从心开始 ◎

儿子故事说完，接着问我："为什么天神要骗这些青蛙？"

我说："你怎么知道是天神要骗青蛙呢？说不定是天神和青蛙对王的认知不一样啊！也许天神觉得即使有了王，青蛙们还是会自己照顾自己的，怎么知道青蛙居然一直依赖它们的王，连应该逃命的常识都忘了。"

我发现，周遭很多人都像故事里的青蛙一样，找到一个信仰、一部经典的目的，并不是希望有人可以带领自己，或是希望能从中得到能更好地发展的动力，只是期待得到一种安全感和归属感。

这种情况，就像溺水的人抓到木头一样，以为只要紧紧攀着，木头就能带他脱离危险水域。他们认为只要去信仰，就自然有人、有其他力量，可以带领自己突破人生的困境。等到有一天他们遇到挫折，却又无法解决时，就回过头去斥责自己信奉的神佛或教条，从来也不去思考是不是自己的想法出了差错。

◎ 从心开始 ◎

曾经看过一个故事：有一位卖羊毛的商人，因为失眠去找心理医师。医师看他精神不济，双眼无神，问他："你是不是失眠很多天了？最近遇上什么麻烦事了吗？"

商人点点头，表示因为经济不景气，他的羊毛衣生意大受影响，才会每天都睡不好。

医生安慰了他一番，叫他回去之后试着放轻松，也许可以数数羊，相信很快就能睡着了。

没想到，几天后商人居然找人砸医院的招牌。

医生看到他眼中布满血丝，精神比之前更糟糕，急忙问他："难道我叫你做的都没用吗？"

商人恨恨地说："何止没用！还害我更加睡不着。"

医生真是丈二金刚摸不着头脑，连忙问到底是怎么回事？

"我一直在数羊，每天都数到将近三万头，原本也有点困了，可是，一看到这些羊在我眼前跳来跳去，我就想到三万头羊有多少毛啊！不剪真是太可惜了，所以就开始替它们剪毛……"

"那剪完不就可以睡了吗？"

"可是三万头羊的毛，在现在经济这么不景气的情况下，上哪找买主啊？你为什么不叫我数猴子、数小猪，偏偏就叫我数羊呢？"

我们都知道，数羊或数猴子，和商人失眠是没有关系的，让商人失眠的真正原因，是他看不开的意念，以及他无法放下的执著与烦恼。只是商人不明白，才会把一切的错都推到医生身上。

在现实生活中，佛经其实就像这位心理医生一样，有需要的人就会去求助，只是有些人知道解决问题的重点是"放轻松"而不是"数羊"，有些人却像商人一样，把数羊当做主要的药方，用错药了还怪医生不专业，还要去拆馆，根本是本末倒置。

之前听过一则故事，佛陀和尊者有一回经过一个村

◎ 从心开始 ◎

子，他们发现一个很奇怪的事情，就是这个村子里的人，不管出了什么事，或者要求什么事，都会到一盏路灯下去祈求、祷告。

佛陀觉得很奇怪，问他们为什么要这么做。

村民告诉他，因为有人告诉他们，佛陀现身时，总是全身散发光芒，高高在上，放眼望去，村子里只有路灯有这项特点，而且夜里大家都靠它的牺牲奉献照亮四周，它不是佛陀是什么？他们并不是在拜路灯，而是在拜佛啊！

在一旁的阿难尊者忍不住指着佛陀告诉他们："去叫大家回来吧！你们要拜的佛陀就在这里，何必去拜那些自己制造出来的物品？大家不要被流言骗了。"

几个村民看着佛陀与尊者，然后哄堂大笑："你们别开玩笑了，你瞧，他看起来符合哪一项佛陀现身时的特点呢？你们如果再开这种不敬的玩笑，我们可就要把你们赶出村子了。"

◎ 从心开始 ◎

阿难尊者还想再说，却被佛陀阻止了，佛陀告诉他："别再说了，他们虽然在修行、学佛，却从没看清楚佛法的真相，才会以为外在的形式代表一切啊！你对他们说再多，也只是被当作疯子罢了。这种由他们自己制造出来的幻象，只有他们本身能破除，也只有他们自己破除了，才会离觉醒更进一步。"

我们都当过围着路灯膜拜的人，当过池塘里的青蛙，很多时候是由于别人的误导，但更多时候是因为自己看不清。

而修行，就是要告诉我们，当我们执著在一件事上面时，必须先试着问自己，眼前的实相究竟是路灯还是真的佛陀？究竟我们是真的崇拜眼前的王，还是只想得到安全感和归属感？只要能看清这些问题，你就已经在成佛的道路上。

◎ 从心开始 ◎

尽信佛法，不如从没学过佛

有一回过马路时，等红灯等了很久，眼看着许多人不守秩序纷纷闯红灯，心里有些埋怨、有点心浮气躁，但终究还是耐着性子等下去。

直到一个老婆婆从对面走过来，见我频频看表却一等再等的，才告诉我："这条路正在施工，没车会进来，这红绿灯就算你等一天一夜，它也不会变绿灯的。喏，你没看到这张纸吗？"婆婆指着贴在我身旁红绿灯柱子上的公告："因前方路段施工，本标志暂时停用。"

我恍然大悟，赶紧过马路，但嘴上还是不禁咕哝："既然坏了，干嘛不直接断电，干嘛还亮着灯……"

俄国哲学家葛吉夫（George Gurdjieff）曾经形容，

◎ 从心开始 ◎

人其实只是像机器一样活着。很多人取笑他，也有很多人驳斥他，说人能自由活动，能自主思考，怎么会像机器？但事实上，人的思考常常依循着一些很奇特的逻辑，尤其是在接受或习惯某种情境和想法后，就会失去自己原本所拥有的多样性观点，甚至会因此忽略了，其实很多事不如我们想像的复杂。

就拿我这个例子来说吧！当看到大家一直闯红灯时，我心里想的是："不守规矩的人愈来愈多了"，却没有对自己等候时间过长有所质疑。当我的眼神专注在对面的红灯时，反倒连近在咫尺的公告也看不到了。

这种事，在我们的生活中所在多有。

之前，听一个刚结婚的朋友说，结婚这几个礼拜来，他和老婆每天早上都在找牙刷。原来，他们俩的牙刷都放在一个漱口杯里，有时他早起，就把老婆的牙刷随便一摆，刷完牙就忘记把它放回漱口杯了，等老婆起床总得大费周章找一圈；偏偏他老婆刷完牙后，同样也忘了他的牙刷，两个人还差点为这件事大吵一番。

听完，我觉得奇怪，"既然如此，你们再去买一个漱口杯不就结了吗？难道有什么新婚禁忌？"

朋友突然住了嘴，一脸兴奋："对啊！我怎么没想到？"

之所以会"没想到"，往往是因为太专注于眼前的事务了，所以无法用澄澈的心境去观看简单的事理；这也导致人们有时候即使觉得事情"明明不应该会这样"，依然会找个理由自圆其说，说服自己只是多想了，然后继续一如平常的行为。

我想葛吉夫说得，没有办法用心去观照四周的人们，的确只是像机器一样活着。这就是为什么我要说，尽信佛法，不如从没学过佛的原因了。

我遇过很多人，开口闭口三句不离佛经，也期许自己要慈悲、要施善、要布道。这样的信念也许是好的，但有些人无法好好拿捏分际，把时间和金钱都花在信仰

◎ 从心开始 ◎

上的结果,是让一家人穷困潦倒,搞得鸡犬不宁,连度日都有困难。他对别人慈悲了,却亏欠了自己和家人。

甚至,我曾听朋友提起一个亲戚,他生平不沾荤食,当然也不愿杀生,这听起来似乎没什么了不起,但朋友说这位亲戚已到了走火入魔的地步,即便家中虫蝇肆虐也视而不见,怕轻易杀生以后会下地狱。最后,连蟑螂直接从脚下窜过,蚊蝇在眼前飞舞,他也能面不改色地用餐,还不准老婆、孩子动手除害。也因此,左右邻居都叫他怪老头,他有一个读小学的孩子,因为受不了人家对他的奇异眼光,性子变得异常暴烈,还常常在学校把同学打哭!

我相信佛陀要我们修行的目的,绝对不是要给自己压力或限制,而是要人们的思虑澄澈醒觉,让意识变得轻灵、宏观。

洞悉世间实相的佛陀曾说:"若能了解到一切的执著都是苦的根源,愿意舍弃一切,出家修无欲梵行,观

◎ 从心开始 ◎

察事物生、住、异、灭的无常真相,便能舍离执著、降伏烦恼魔军……"

佛陀的意思是要我们先观察自己、了解自己为何执著,执著又对我们造成什么影响,以及万物的生、老、病、死的背后,其实是无常在掌控;也唯有看清楚这些,才能学着舍弃执著,不再为俗务所烦恼,也不再被眼前因执著而产生的幻象所扰。

可惜,很多人不明白这一点,还把这段话拿来当做佛陀要我们以修行为尊的挡箭牌,一遇到困难就自暴自弃,想自杀、想出家。他们把"出家"当做悉达多最神圣的修行道路,觉得只要一个一个步骤都做对了,自己就会如同悉达多成佛一般开花结果。只是,虽然身在修行了,心境却从没改变过,烦恼和考验当然也无法解决。

而且,大家也忽略了,佛陀虽然要人出家修行,却不是要人在遭遇挫败,或者未经考虑就立刻出家,那些

◎ 从心开始 ◎

追随佛陀的弟子，也是经过好几年的思考、观想并且通过很多生活中、意识上的考验，才获准出家的。

可不是吗？最初追随佛陀的五个弟子，原本也都是悉达多的随从，他们一路护卫太子，经过多年的修行考验后，才正式出家，成为五比丘；后来的弟子们，也都是追随佛陀多年，通过考验，才可以成为比丘或比丘尼的。

因为，在佛陀的心中，出家是要弘法救众生的，绝不是隐居山林独善其身，更不是帮人逃避现实的，如果经不起出家前的考验，出家后又能修什么？又该如何开导众人觉醒？

放下手中的佛经教科书吧！因为看清我执、通过这些考验的方法，佛经中都没有教，也没有办法教。反而，当你太专注于书上的经验和道理时，就已经是一种执著了。你应该看的不是文字，而是里面的"思想"，如果你只想依循前人的脚步，得到的将只是别人的经验，永远也成就不了自己的佛性。

佛陀的用意，不是要你当个只会照本宣科的机器人，而是要你明白一个简单的道理：每个人都是不相同的个体，各有各的烦恼和遭遇，如果没有亲身经历，就看不透烦恼的成因，也看不透生命中遇到的一切都是考验，都是灌溉佛性的珍贵催化剂。

◎ 从心开始 ◎

不要否定自己的一切

不久前，有机构调查台湾居民的"快乐分数"，发现有一半以上的人觉得自己不快乐，有些人甚至给自己的快乐指数零分。数据分析之后显示，似乎是愈年轻的人愈快乐、学历愈高的愈快乐、收入愈高也愈快乐。而占不快乐指数最多的，是那些对自己经济状况不满足的人。

看到这里，想到我认识的一些朋友，在我们眼中看来，他们家境好、生活安适，身边也不乏有人照顾，但每天还是忧虑东牵挂西，如果给他们这张快乐量表，恐怕以总分十分计算，他们也不会替自己打到五分以上的。

快不快乐，可以说是一种很主观的认定，有人一天

◎ 从心开始 ◎

工作下来，能赚到一两百块就心满意足，却也有人每分钟进帐几万元依然得到忧郁症。我想，这都是有没有放宽心，以及能不能觉察自己真正需要的结果。

像我上面提到的那些朋友，在他们心中，赚钱就是唯一的要事，他们觉得，过多的休闲是浪费时间，梦想只是不切实际的虚幻，许多看似热络的人际关系，也不过是为了权谋的聚合。如果问他们生命是什么，他们会告诉你，只有赚够了钱，生命才有价值。只是，怎么样才算赚够呢？没人答得出来。

每次和他们谈话，我总觉得他们只是赚钱的机器，是找不到自己灵魂以及人生定位的人。

相反的，这个世界上有一些人，虽然生活并不如意，却能在艰困的生活中，得到肯定自己的机会。例如，住家隔壁开了家便当店，有次与老板闲聊才知道，店老板几个月前才从牢里出来。原来当初他因为女朋友跟别人跑了，一时冲动杀了女朋友，为此在牢里待了好几年。只是，这几年的时间却让他得到看清自己的机会。因为出事之前，他只是一个自怨自艾的浑小子，进了牢里，有一些牧师会来找他们谈善恶，谈事理，监狱的管理者也会请师傅教大家厨艺，他烧得一手好菜就是在牢里学的。

在牢里他思考了很多，想到自己小时候曾立下志愿，要像父亲一样当厨师，因此出狱后决定开一家便当店，算是一圆最初的梦想，即使现在一天只能赚个四五百块，和当初逞凶斗狠、收保护费的几千几万不能比，他却得到了平静，也更了解自己究竟想要什么样的生活。

看着他柔和而坚毅的眼神，我知道他已经找到自己生命的意义。

只是，放眼看去，用身外之物来衡量自己人生，并因此否定自己的人着实不少。

在电视上看到另外一则新闻，有个男子要追求一名

◎ 从心开始 ◎

女子,但身高只有一百六十公分的他,被嫌弃太矮,因此得不到女子的芳心。没想到他居然恼羞成怒,开始对其他女性性侵报复,犯下多起案件后,被捕落网。

记者采访时,一名警员说,虽然嫌犯长得比男性平均身高矮一些,但长相也还不错,看起来文质彬彬的,相信好好做人,还是会有很多女人倾心于他。况且,许多比他更矮的人最后也都拥有好姻缘,不懂为什么他要因此犯下罪行,只知道这么一来,他恐怕有好长一段时间得蹲在牢里忏悔了。

我想,这是因为这名男子一开始就先否定自己的缘故。因为太在意了,所以只要别人一提起痛处,就什么也看不到,彷佛身高就是自己所拥有的一切,因而否定了自己的其他价值,也想不透自己身而为人的存在意义。

上天赐给我们每人这副肉体,并不是要我们去关注它多美多丑、多高多矮,或者可以用这个肉体,在有生

◎ 从心开始 ◎

之年赚多少钱；又或者，要我们因为外在条件比不上别人就自暴自弃，觉得人生无意义；毕竟，身而为人最重要的，并不在于外在的一切条件，而是心灵的充实，和独一无二的思考能力才对。

所以，每次听到又有人为钱财自杀、为感情自杀、为学业自杀等等，心中总会升起一股哀愁，不单单是因为一个生命的消逝，更是惋惜他们还不了解身为一个人的价值，而且再也没机会了解了。

像这样为外在之物而活着，是一种看不透的执著，也是对自己生命的迷思，我们之所以要修行，就是想要把这些执著和迷思的影响，减到最小。

但很多学佛的人，却有了另一种迷思，他们认为，既然肉体是身外之物，是顺应因果而来，那么有没有也没什么差别了，于是也不会好好爱惜，他们虽然没有走到自杀或自残这一步，却从不认为自己的作为在生命当中有什么意义，因为"一切都是果报与业障"，前世种

◎ 从心开始 ◎

的因，今生来尝果，有何不对？

我有个当医生的朋友，几天前语重心长地告诉我一件真实的事情：他的一个专门治疗子宫颈癌的女同事，最后却因为子宫颈癌而去世了。

我很讶异，因为一个治病的医生，应该最清楚自己的身体有什么状况，谁知竟会罹癌而不自知？

朋友摇摇头说，在医院里，医生每天的工作就是告诉病人："你哪里有病、哪里有问题，必须好好检查。"但有次院长突然问起他们："你知道你的血小板数大概是多少吗？"大家都答不上来。

我不解地问："你们在医院工作这么多年，居然不晓得自己的血小板数是多少？"

我那朋友说，其实这是"正常"的，因为他们在医生这个岗位待久了，总有一些错觉，以为自己和病人不同，病毒与自己是隔离的，所以反而更不会注意自己的身体状况。

我思考这些话后发现,其实那些长期修行,却把一切寄托在因果上,并否定自己的人,也往往犯了和医生一样的毛病。

他们也许可以明白佛经中所记载的一切,替大家讲解佛经中的事理,却忘了自己也是平凡人,也要面对生活中的困难和挫折,而自己的肉体和心志,正是解决这些考验的唯一工具,一旦舍弃了,不会上天堂或下地狱,也不会是解脱,得到的只是一片未知的渺茫,以及不断累积的更多问题罢了。

佛陀要我们修行,并不是要我们否定自己,而是希望每个人藉由修行,观照自己的现在、过去和未来,唯有懂得这些,你才能离开悟更近一步。

◎ 从心开始 ◎

相信自己的身体和直觉

与朋友见面时,他提起之前遇到的一件事。

一直以来,他的身体状况都算保持得不错,年近五十也没什么大病痛,不过有一阵子老觉得腰背酸痛,去找医生检查,医生说没事,只是年纪大了,有点老人病。朋友不信,又跑了几家医院,X光也照了,超音波也扫了,什么症兆也没有,朋友只好相信自己真的只是老了。

几个月后,他因为腰痛而昏过去,进医院后居然被检查出有一个直径三公分大的肾结石。朋友倒是看得很开,跟我说:"我早知道了,就是之前那些医生查不出来,查不出来就没法儿治,倒让我白痛一场。"

人真的是一种很容易受外在事物影响的生物,很多

◎ 从心开始 ◎

事只要别人说东，自己就不太可能说西，外在的爱情、钱财、流行时尚都是如此，即便是自己应该最熟悉的身体健康状况，也会因为"专家"的几句话，开始质疑自己的感觉……

最近看到一则有趣的英国科学报导，研究人员做了个实验，他们请二十八名年轻女子看四个男生的照片，再让她们看这四个男生和其他女孩子坐在一起的照片，照片有好几张，有的是女生面无表情地看着男子，有的则是对那名男子微笑。结果那二十八名女性原本对某个男士印象普通，但看到后来照片小的女子向这名男子微笑后，就会修改自己的评分标准，给这名男子打较高分。

他们的结论是，一个女人在观察男人的时候，会受这名男子周围女人的影响；也就是说，如果那些女人对这名男子有好感，那么这个女人也会基于竞争的心态，对这名男士产生好感。

◎ 从心开始 ◎

研究人员还建议，如果有男生想追某个女性，只要雇用几名女子对他微笑，而且让想追求的这名女性看到，那么这位女性很可能因此对他有好感，甚至开始追求他。

大概是因为时代进步了，科技太发达了，人们渐渐不相信自己的感觉，反而习惯看机器荧幕中的自己，换句话说就是相信别人眼中的自己，总是认同别人对事物的所有评断。

我记得几年前的一场演讲上，星云法师曾经说，佛教中虽然崇信佛、法、僧三宝，其实，这三宝并不是佛陀或菩萨这些神尊，以及他们所传的法，或者一定要出家修行才行，这三宝指的是每个人都有的自性三宝。

他说，我们信仰佛教就是信仰自己，皈依三宝就是皈依自己。佛家中的最高信仰，其实是皈依自己，相信自己才对。

只是大家往往盲目地追求和别人一样的目标，举个

◎ 从心开始 ◎

例子吧！很多广告习惯找一些形象好的艺人来代言，减肥茶、健身器、生长液……只要有名人作保证，总会大卖好一阵子。但事实上，大家心知肚明，这些名人多半没使用或食用过自己代言的产品，代言药品的人也没有相关执照，大家之所以会接受，多数只是因为流行，或单纯对名人有好印象罢了。这个世界上，很多事只要经过稍微的美化，就能让大家丧失自主思考的能力。对于学佛这件事，人们也往往抱持着相同的心态。

前几天听到一个故事，有三个人在赛跑，领先的那个人跑啊跑，来到了一条小溪旁，他看了看环境和水流，发现水位虽高，但不足为患，于是决定涉水过去，这样就不必绕经远处的桥而拖延时间。

第二个人来到溪畔，看到前面人的脚印，心想，太好了，原来这里有路，那就不用再绕过去了，于是兴高采烈地脱鞋过河，谁知道他太过瘦小，没多久就被大水冲走了。

◎ 从心开始 ◎

第二个人到了,他看了看溪边零乱的脚印已有些模糊,于是告诉自己:"人家都已经走远了,我赶这几分钟也没用,而且这水也太急了,我还是走桥过去,起码可以安全到终点。"于是他绕到桥上,接着又快速跑了起来。谁知最后,他居然是第一个到达终点的人。

原来第一个人衣裤鞋袜全被浸湿了,所以速度不像平日那样快,加上着了凉脚步变慢了。

这三个人分别代表三种心态,其实在现实生活中,修行的人也可以分成这三类。第一类就是对什么都执著的人,也因为对目标太执著,他们虽然可以看清环境,看清自己,却总想用最快的方式到达,但求快的结果,反而让这段经历成为之后路程的绊脚石。

这种人就像是为了成佛,把一些佛经全摆在眼前,一本翻完一本,虽然每个字都看进去,每句话都能朗朗上门,却从没把意义融进心里。等书看完了,就以为自己开悟了,其实他们当然没有顿悟,还因为自以为懂了

◉ 从心开始 ◉

而加深执念，离成佛之路更加遥远。

第二类人则是盲目跟随的人，别人说信什么好，他就信；别人说念什么经书好，他就念。他的修行没有目标，只是随波逐流罢了。

至于第三类人，才是懂得观照自己，明白自己要什么的人。

修行路上没有什么获不获胜或先到后到的问题，想顿悟，想解脱，不是多念几本经，多呼几句口号就可以，其实只要相信自己，稳稳地走，用对的方式走，就一定能到达终点啊！

世间的人几乎都是第一或第二种人，所以修行的过程中，有时会有布施助人的爱心、会有恭敬师长的善心；有时却又看不清无常，让七情六欲缠身，这都是因为人们只顾修行却不修心，习于听从旁人，而丧失了对自己思绪的剖析与自信，才会让行事善恶夹杂，有时连自己想做些什么，要做些什么都不清楚。

◎ 从心开始 ◎

如果像星云法师所说，信仰佛教就是信仰自己，皈依三宝就是皈依自己，那么一个无法相信自己、观照自己的人，又怎么能信仰自己、皈依自己呢？

不要再向外寻求那些自己原本就有的佛性了，相信自己的身体和直觉，它们会带领你，自然地找到成佛的道路。

从心开始

幻觉，人生最甜美的陷阱

这几年小说《哈利·波特》大卖，却也因此发生了几件意外。

有几个小孩，因为相信自己也有魔法，可以像小说中的主角那样在天空飞行，所以学着书中人物往窗外跳，结果受了重伤，甚至一条小生命就这样消逝了。大家都说小孩真笨，怎么会把故事当真，也怪父母怎么会这么不小心，甚至有人说，不应该让小孩看这种书才对。

其实，人陷在幻觉之中通常是不自觉的，这些小朋友把书中的描述当成现实，大人们却是把心中的执念和幻觉，当成永恒不变的真理，甚至因为看不清真相，只能盲目地费尽一生去追求。

◎ 从心开始 ◎

我有一个当作家的女性朋友，专门写那些充满甜蜜浪漫的爱情小说，书很畅销，读者群从学生到进入社会的女性都有，也有不少读者会写信给她，说小说的内容给了她们很多启发，甚至让自己和另一半处得更好。

大家都猜想那是朋友的亲身经历，但事实上，她已年近四十却还没有论及婚嫁的男朋友。

她说，自己二十出头时，本来有个很要好的男朋友，她还为他怀了孕，就等着男方求婚迎娶。谁知后来才知道，这男人早有老婆，孩子都五、六岁了，大家都说他们夫妻很恩爱，而她只不过是被蒙在鼓里的短暂外遇对象。东窗事发后，男方还找人威胁她不准公开，否则会让她家从此鸡犬不宁。

她气不过，吞了几十颗安眠药，所幸被人发现救回来，但孩子却保不住了。她从那时就下定决心，从此不再和别人交往，她要男方一辈子觉得愧对她，要他永远记得自己失去一个孩子。所以，她每年都会寄一张卡片

◎ 从心开始 ◎

到他家里，上面写着孩子如果活着应该几岁了，如果他们还在一起，会有多甜蜜……而那些小说，其实就是她觉得如果两个人继续交往下去，应该会有的幸福画面。

我问她，那男子有任何回应吗？她摇摇头表示，没有回应没关系，只要知道他会一直记得她就够了。

其实，我知道她说的地址，但那里早已成为办公大楼，本来打算告诉她的，却在看着她一脸满足时，突然觉得难过而未启齿。二十年来，她就这样执著在自己的爱恨幻觉中，也因为这些幻觉而心满意足，会不会有一天，她发现那个地址早已人去楼空，她寄的信从来也没到那男方手上，当她视为支柱的幻觉破灭后，还能像现在这样看似满足的活着，并找到真实的自己吗？

最后，我只对她说了一个故事：

佛陀时代，有位婆罗门年迈得子，婆罗门把这独子照顾得无微不至，一心希望儿子能快快长大。谁知，孩子竟在七岁时因病骤逝。

◎ 从心开始 ◎

婆罗门伤心欲绝，昼夜思念，有一天他突然想到："我与其在这里什么也不做，倒不如去向阎罗王乞回儿子的性命！"于是他不顾亲人劝阻，斋戒沐浴后就动身。

婆罗门一路上马不停蹄，历经千辛万苦后，终于抵达目的地。一见到阎罗王，婆罗门立即跪下哀求："恳求大王发慈悲心，把儿子还给我吧！"阎罗王被婆罗门的诚心感动，指着东边说："你儿子现在在东园玩耍，如果他愿意，你就可以带他回去！"婆罗门欣喜至极，立刻直朝东园奔去。

抵达东园，婆罗门一眼就看到爱子，于是马上冲过去，抱住男孩说："爹爹好想你啊，你快跟我回去吧！"谁知男孩竟推开婆罗门，正色说："我只是暂时寄住在你家，所以被称为你的儿子，现在我已经离开了，你还是打消妄想，早点回去吧！"说完转身就走，留下老婆罗门满脸惊愕，怅然离去。

我那朋友听到这里，忍不住满脸悲愤，"这小孩真

◎ 从心开始 ◎

是不知好歹，他父亲千辛万苦去找他，他竟然这么绝情？"

我等她骂完，继续把故事说下去：

婆罗门满心悲痛，决定去向佛陀请教怎么回事。佛陀听完婆罗门的陈述后，开示他："人来到世上，就只是暂时的因缘聚合，别忘了人有生、老、病、死，夫妻、父子这样的关系就像寄居在一起的旅人一样，不久就会离散，展开各自的旅程。

众生因为被甜美的感觉所迷惑，将非我当做我，将不是我拥有的，妄认为我所拥有，才会沉沦在永无止尽的妄想和幻觉中，始终无法认清真实的自己！"

婆罗门这才醒悟，原来自己只是在追求原本就不属于自己的东西。自己有孩子时满心喜乐，并不是孩子给的喜乐，而是自己的情绪反应；同样的，孩子去世，也不是孩子把悲痛强加在他身上，是他没能了解生、老、病、死背后的自然规律和无常，才会因为失去而悲痛。

◎ 从心开始 ◎

不明白这个真理的人，只能在各种情绪中开心、无奈、伤感，为情所缚而无法自拔；但明白真理的人，就能透达幻灭的真相。

朋友听完，突然掉下眼泪。

我不知道她是不是明白了什么，但事实上，人生在世所有好的境遇或苦难，都只是和我们错身而过。我们觉得开心、悲伤、满足、挫折的这些情绪，的确有很多都是自己制造出来的幻觉。

就像前面提过的，当你相信自己会上天堂，你就是在天堂；当你相信自己在地狱，你就是在地狱里。像我这位朋友，她感受到的痛苦，并不是个不知去向的那个男生给的，而是因为她无法放下当初被抛弃的恨；她感到满足的，也不是男生真的有任何回应，或是两人相爱的过程，而是在她的幻想和执念中，预设这个男生会记得她，会希望和她拥有美丽的未来。

幻觉，是人生最甜美的陷阱，它会使你为所有的情绪找到寄托对象,让你以为所有情绪、欲望、挣扎都是别人给的,如果我们无法看清这一点,在修行路上,就只会像在转轮上跑着的老鼠,不停跑着跑着,却没有看到终点的一天。

◎ 从心开始 ◎

没有迷失过，
就不知什么是觉醒

有一次和隔壁便当店老板聊到，为什么每次遇到什么节庆，最热门的购物地点不是各大百货商场，而是各地区的监狱？尤其是遇到大的节日，监狱的订单多到不像样。我觉得奇怪，监狱应该是看管受刑人的地方，怎么演变至今倒成了制造工厂？

老板告诉我，其实在监所里的犯人，多数都不是穷凶恶极的大罪犯，像他在里面认识的很多人，要么就是贪赌、贪酒，要么就是和人争风吃醋，有时情绪太激动，傻事就这么做出来了，等意识到自己的错误时，他们内心其实都很懊悔，他就是一个活生生的例子。

所以在监狱里，大家都乐于和别人交换自己的"经

◎ 从心开始 ◎

验"和"感觉",也都很遵守监狱里的规则,加上这里面多数人又没有一技之长,当政府设计出"一监狱一特色"这样的政策,希望犯人能在受刑期间学到技艺后,其实大家都还挺感激的。

因为着积极学习的心态,做出来的东西品质当然不错;也幸好社会大众愿意给他们机会,大家也就再接再厉。他说,有好几个认识的朋友出狱后,也都是靠在狱中学到的技艺维生的。

"如果不是因为当初犯下那个错,说不定我现在还茫然不知道自己要干吗呢!"他突然语重心长地说了一句。

我们也提到我那邻居儿子吸毒的事情,他也乐观地说,等他戒了毒,思绪不再被毒素控制了,就会知道该怎么做最好。

其实,我们每一个人,都像是航行在海上的船只,因为知道迷航的痛苦,才更能体会靠岸时的喜悦。而那

◎ 从心开始 ◎

些不知道自己早已迷航的人，即使靠岸了，他们还是闭着眼呼呼入睡，任船再度漂离岸边。

所以有时候，我们在犯过错之后，反而更能了解自己内心的真实需求。这种迷失并不是痛苦，而是让我们品尝成功滋味的垫脚石。而那些无法倾听自己内在声音的人，不知道自己犯了错，这时候即使别人想帮忙，也不知要从何帮起。

之前新闻曾报道，有一户人家有几个小孩，年纪都超过二十多岁，却整天窝在家里玩网络游戏，一整年出不了几次门。全家只靠大儿子工作过活，为了支付上网费用，积蓄几乎耗尽，甚至因为买不起床，母亲和大儿子只能睡沙发。

最后，母亲请求就业服务中心协助找工作。但是，几个小孩也只做了一两天就不做了，就服中心和他们联络，小孩也表示不愿意回去接受辅导就业，让老母亲相当头疼。

◎ 从心开始 ◎

我想，这些小孩就是那些迷航而不自觉的人，因为有家人的照顾，让他们无负担地沉迷在游戏中，家人安排了靠岸的途径，他们也避之唯恐不及，从来也不曾想过，会不会有一天家人离去了，导致这艘看似安全的船沉没了，他们将连最基本的救生艇都没有，该怎么存活下去？

不过，也有另外一则新闻。

有一名高中男生，因为父母离异后性情大变，不但时常旷课，还流连网吧，成了问题学生。父亲和祖父母在两年内相继去世，经过老师、亲人的规劝，他突然顿悟，往后一切都要靠自己，于是一改过去的恶习，现在不但一个人料理生活起居，还成为大家眼中的乖学生。

不知道自己迷失的人，不会知道自己在错误的路上；只有知道自己走错路，才会有重觅正途的可能。所有的事情都是这样，修行也是如此。如果我们从来没有在海上迷航过，怎么会体悟靠岸的珍贵？如果不曾拥有

◎ 从心开始 ◎

这个肉身，没有在人生的道路上迷失过，怎么会知道觉醒是什么？而且，觉醒也不需要借由别人的认同或肯定，这是一种内心的自我成长，一种看透自己和世间万物的觉知。

我最近在报纸上，看到一则动人心弦的真实事件，有位七十一岁的阿嬷，靠着捡回收物资、做粗工，十五年来竟捐了一间病房、六张病床给医院。

大家都问她何必这么辛苦，这些钱省吃俭用的话，都够她好好过后半生了，而且她把钱捐出去，也不见得有什么好处。

这位老阿嬷却觉得，回收物资做环保时，每一次弯腰都是在诚心礼佛；走路时就像是绕着佛祖求道；修行不必到庙里，生活就是大道场。更重要的是，她捐钱本来就不是要什么回报，只求需要的人有好的休养环境，都能感受到一份温暖，如果说她有求什么，大概也只是心中的一个满足吧！加上原本爱应酬喝酒的儿子也受到

◎ 从心开始 ◎

感动，开始戒掉坏习惯，陪她一起帮助别人，这么好的事，还有什么辛苦的？

她儿子则表示，有次应酬到天快亮才回家，远远的，居然看到一台小推车，车上载满回收物，一个小小的身体在后面推着车，缓慢而坚定，不是母亲又是谁？那一幕让他当场红了眼眶，也从此下定决心，要陪母亲一起修行。

上面说的那个高中学生，还有这位阿嬷以及她的儿子，都是觉醒的人啊！他们已经看透生命的无常，在原本茫茫不见岸边的人生中，找到一条稳定的航向，也知道真正的觉醒，不在于外面有多少认同的眼光，而是随时保持觉知、相信自己、认同自己。

没有受过苦的人，无法明白快乐究竟是什么。上天要我们来到这个世间，不是要让我们受尽磨难，而是希望我们在觉醒的那一刻，能全心去感受其中的自在。

◎ 从心开始 ◎

经历一切吧！所有好的坏的，都是宝藏

儿子看完童话故事《彼得·潘》（Peter Pan）后，问："为什么彼得·潘不想长大？"

妻子说："因为他觉得长大不好，长大以后要不停地和别人竞争，就不能再保有热情、纯真的心了。"

儿子不死心，又问："可是他又没当过大人，怎么会知道当大人一定不好？而且他一直当小孩，就很难知道当小孩，其实也有不好的地方啊！"

"嗯，可能是他看到的都是不好的人，像虎克船长啊、坏的人啊，所以就以为所有的大人都是不好的，既然知道大人不好，他就不想长大啰！"

"可是，这样的话，他就可以当一个好的大人啊！

◎ 从心开始 ◎

又没人说他一定要跟大家一样。"

听着妻子和儿子的讨论,我突然想到,几天前有个朋友说起他的小孩,平均每三个月换一次工作,偏偏又不听劝,朋友为这件事烦恼好久。

他也问过孩子,为什么不能好好在一家公司待着,孩子理由倒也挺多的:"这家公司制度不好、福利不好,待再久也不会有什么前途的。""还不是主管偏心,别人说的什么企划或新点子,他看也不看就过了,我绞尽脑汁想了好几天的成果,他就是一再挑剔,还训了我一顿。""我和同事没话聊,这叫道不同,不相为谋。""在那里只是打杂,工作多薪水又低,我干吗不换工作?"

总之,没有一家公司符合他的期望,好像世间的一切就应该照他的想法来运转才对。

我知道现在有愈来愈多年轻人宁愿选择升学,但目的并不是研习更高深的学问,而是利用升学来延缓进入

◎ 从心开始 ◎

社会的时间。对于进入社会这件事，每个人都有自己的恐惧，怕自己能力不足、怕面试碰壁、怕找不到自己感兴趣的工作、怕在工作上无法有突出的表现、怕自己的理想和梦想被摧毁……因为害怕，所以能避则避，以为只要不去尝试，就不会受到挫折。

其实，我们抱持的心态，应该要像我那儿子说的，"他又没当过大人，怎么会知道当大人一定不好？而且他一直当小孩，就很难知道当小孩，其实也有不好的地方。"每一件事都有许多面相，每个面相隐含着我们不曾窥探的世界，有好也有坏，如果我们只专注在其中一件事，很可能会错过更多美好的经历。

佛典中，有一则故事是这么说的：

有一只猕猴手上抓了一大把豆子，就在它开开心心捧着豆子要回家时，一不留神，一颗豆子就这样滚在地面上。为了捡这颗豆子，猕猴马上把手中剩下的豆子放在路边，打算把遗落的豆子找回来，谁知怎么找也找不

◎ 从心开始 ◎

到。等到它回过头要拿原本放置在路边的豆子时，豆子早被麻雀吃得一颗也不剩。

狝猴怔住了，但后来又眉开眼笑，"嗯，没想到我掉了一粒豆子，却把我那些麻雀朋友全喂饱了，这也算是好事一件啊！"

我们总是以为，这只狝猴心中一定会因为失去所有的豆子而懊悔，觉得它因为执著于对某些事物的追求，导致失去理性的判断，结果不但执著的东西没得到，原本握在手上的东西也失去了。谁知道它竟会如此乐观豁达？我想，在它的心中，无论得到或失去，都是一种获得；无论好的坏的，其间都有宝贵的道理存在。

除了上面说的那些不想长大，不想出社会的人，我另外也认识很多人，即使已经出社会多年，还是无法对自己的工作产生认同感，只知道自己是为了钱而工作，没办法从工作中得到更好的启发。我想，他们就是会为失去的豆子而懊悔的人啊！

◎ 从心开始 ◎

我也有个朋友，他在工业区当作业人员，每次在介绍他的工作时，大家总不免露出诧异又惋惜的表情，问他这工作不是很无聊吗？他却总是笑嘻嘻地说，"怎么会无聊？我每完成一个动作，就能做出一台电脑供应给大家使用，这不是很伟大吗？搞不好你们在用的电脑就是我经手的。而且工作的时候，我还可以想着昨天看的书的内容，有什么感想，空闲时再看几个单词，反复默背一下，我现在认得的单词搞不好比家里的小鬼还多。这么悠闲、能进修，又有钱赚的工作可不多了！"大家都被他开朗的想法折服。

还有一个朋友是写励志书的，每次看着他为了截稿两天两夜没睡的黑眼圈，都忍不住问他，何必写得这么辛苦？他总是说："只要知道有人因为看这些书而打消自杀的念头，那什么牺牲都值得了。"如果没有这样的信念，恐怕写出来的书，也无法真的达到激励人心的效果吧！

◎ 从心开始 ◎

我曾经在路上遇到一位老先生，他只要看到有人乱丢烟蒂，就会跑上去捡起来，并且递给那个人一张传单。我觉得很好奇，有一回向他讨了一张传单来看，才知道上面写的是他的亲身经历。

他说自己年轻的时候，有天晚上为了接一通电话，把抽到一半的烟放在床头柜，谁知烟居然被才两岁的孩子拿去玩，还点燃报纸引发火灾，等他发现时，孩子已经二度灼伤，即使植过皮，受伤痕迹还是清晰可见。在那段时间，他每日以泪洗面，不过后来也发现，再后悔也没有用，还不如把握自己行生之年，好好劝导那些抽烟的人，要抽可以，但不要让自己一时的疏忽，造成不可挽回的悲剧。

没想到他也因为这样结识了不少好朋友，其中有一些还成为他这辈子的至交好友。

佛陀希望我们保持觉知，当一件事发生时，不要用好、坏、得到、失去、快乐的、悲伤的去评断它。应该

◎ 从心开始 ◎

发生的事情终究会发生，已经发生的事情，再怎么样也无法改变了，我们必须学着观照，用觉知的心灵从里面看到获得，而不是失去的那部分。

人来到这个世间，没有所谓好事或坏事，因为所有遇到的一切，都是激发我们心中佛性的宝藏，差别只在于你肯不肯去经历它，接受它，让这宝贵的经验，成为"你"的一部分。

◎ 从心开始 ◎

你是独一无二的"待成佛者"

有天去听了一场演讲,演讲者是年届八十高龄的文豪陈之藩先生,说的是关于他的一些作品和理念。最后,请听众发问时,有位听众忽然问了一个不相干的问题:"如果您现在还在读大学,会怎么面对目前全球化的议题?"

陈之藩先生倒是直截了当地回答:"我怎么会现在还在读大学呢?"

我想他的意思是,各时代的问题要各自去解决,即使他假设自己就站在那里,就在大学校园里,他所抱持的心态,和看事情的态度也和发问者是截然不同的。这和一开始有人质疑说,剑桥没有他描写的那么美时,他回答"要看你到的是哪个时代的剑桥"有异曲同工

◎ 从心开始 ◎

之妙。

可不是吗？我们所遇到的每一个"其他的人"，从小到大所处的环境，和我们从小到大所处的环境是全然不同的，也许大家曾在同一个年代或地点相遇，但心境和年龄的不同、看事物的眼光依然各不相同。虽然，我们都说要将心比心，但你无法要求一个人能确实的、精准的设身处地站在你的位子看。

就拿这个例子来说吧！陈先生所感受到的全球议题，和每个人所认为的全球议题不会一样，即使他真的这样想像了，心态和处理方式也不会像我们所想像或希望的一模一样。更正确地说，这个世界上不可能有两个"完全一样"的人，即使是双胞胎或复制人，每天接收同样的指令和讯息，只要他们看东西的角度不同，思想还是会出现差异。

所以，佛陀并没有要我们都定在同一条路上，他只是要我们觉察自己的思绪，随时保持心中的宁静，倾听内在的声音。

我以前听过一个故事：有三个人同时向佛陀求道，其中一个经营鱼店，一个经营米店，还有一个是读书人。

经营鱼店的老板问："我这一生杀鱼无数，想必种下不少恶业，请问该怎么化解呢？"

佛陀说："你必须观照自己。"

经营米店的老板问："我的工作就是提供米饭给大家食用，养活无数人，想必也积了不少功德，是不是有快速得道的方法呢？"

佛陀说："你必须观照自己。"

最后一个读书人上前："我除了读书，什么事也不做不想，正如佛法开示的六根清净，是否已可得道？"

佛陀说："你必须观照自己。"

他们三个人觉得纳闷："我们的处境和状况各不相同，何以世尊给我们的话竟是一样的呢？"

◎ 从心开始 ◎

佛陀说："怎么会是一样的呢？我要鱼贩观照自己，是要他明白自己杀鱼时的心境，是否因杀而杀？我要米贩观照自己，是要他想想自己卖米时，最终求的是什么，难道真的是救人吗？我要读书人观照，是要他更清楚自己为何什么事也不做不想。虽然我说出口的建议是一样的，其中的意义却只有当事人才能体会。众生唯有清楚自己了，才有得道的可能。"

是的，观照虽只短短两个字，却能映出千百万种不同的面貌。

我记得有回去看一场画展，其中有幅画除了一片火红外什么也没有，画前倒是围了不少人，大家七嘴八舌地评论：

"这画家所要展现的意境，是这么的热情奔放，让人看到心都热了。"

"我却觉得他想表现的是一种孤单的历程，喏，那个小黑点是他渐渐失却的自我。"

◎ 从心开始 ◎

"我倒觉得他只是想表现内心的爱慕,你看,这红色的波浪线条不是像心的律动吗?"

他们离开后,我有点纳闷,看到画下面的名片上写着"雷诺瓦"。

在我的印象中,他可没画过这幅画啊!问了画展服务人员,原来画的主人在画上封了红色胶膜,说要等良辰吉时才能拆开,主办单位原本贴了张通知书,但大概是掉了。

听到这样的回答,再想到刚刚的对话,心中不禁升起一些感触。明明眼前的事物是我们所不了解的,但也许是为了媚俗、为了表现专业、为了强调自己有品味,大家往往穿凿附会,反而把真实的意义给掩盖了。如果他们能去观照自己的心,不理会外界的目光和说法,难道不会发现自己大言评论的,其实只是一片红色胶膜吗?

其实,修行也是如此,很多人都把包裹在佛法外面

◎ 从心开始 ◎

的那层胶膜当成实体,也因为害怕自己成为"国王的新衣"这个故事中的傻子,所以用尽各种方式去解释它、想把它具体化。但是,无论是佛法或各种修行,事实上并没有一个特定的逻辑或方式当做路径,它要告诉我们的,并不是只要出家,或者乐善好施,就可以到达开悟的境界,而是要我们随时保持"觉知",明白我们为何存在,明白所有的七情六欲,其实都是自己创造出来的幻觉;当我们生气、开心、烦恼、欢愉时,能知道自己为何会有这些情绪……这些内在程式的组成,都是佛法没办法告诉我们的,我们必须自己去体悟,去感受,如同佛陀说的:"众生唯有清楚自己了,才有得道的可能。"

曾经获得一九三七年诺贝尔医学奖的生化学家,山特·捷尔吉(Albert Szent—Cyörgyi)说:"去看每个人都看得见的东西,去想没有人曾经想过的事情。"

我始终觉得,这个世界虽然只是一个存在,但在每个人的心中，绝对都是相异的面貌，而我们所看到的、所感受的，也都是自己独一无二的获得。试着先观照自己吧！不要盲目跟随大家前进的方向，然后你会发现，我们每个人，都是独一无二的待成佛者。

◎ 从心开始 ◎

第三篇

学佛陀,
　　　但不要想成为悉达多

感谢悉达多帮我们缴了学费

佛典中有个故事,说从前有个农夫,他和邻居都是种小麦的,而且田地也紧紧相邻,但明明是一样的环境、一样的气候,邻人的麦苗长得非常茂盛,他的田地却长不出什么像样的东西来,他为此感到十分困惑伤心,最后决定去请教邻居,究竟他是如何把麦子种得这么茂盛。

邻居回答他:"我都是先把地整平、锄松了,然后根据花了好几年所整理出来的观察纪录,依不同的温度,施不同分量的粪水灌溉,最后播下种子,麦苗就自然而然长得茂盛了。"

农夫十分兴奋,因为这些步骤听起来都很简单。于是他回家后,马上迫不及待照着邻居所授的方法依样画

◎ 从心开始 ◎

葫芦。他先把田地整平、锄松，洒上水肥，然后准备播种。可是，他在最后一步时突然犹豫了。

"如果我为了播种，把脚踩进田里，那么刚锄松的地不就被我踩硬了吗？这样麦苗不就长不出来了吗？"但是不踩进田里又该如何播种呢？他左思右想好几夜，最后终于被他想出一个好方法。

隔天，他请了四个壮汉抬着一张床到田里去，而他则坐在床中央撒下种子，看着自己的脚一点污泥都没碰到，农夫不禁洋洋得意："我真是个聪明人啊！这下连邻居都比不上我了！"

他没注意到，路旁早就挤满了哈哈大笑的群众围观，因为他为了不让两只脚踩踏田地，反而增加了八只脚和一张床的重量，这不是把田地踩得更硬了吗？

在我们身为人的一生当中，有很多机会可以遇到愿意以毕生经验倾囊相授的人，对修行的人来说，佛陀就

◎ 从心开始 ◎

是愿意无回报教导我们的哲人中的一位。

　　悉达多在修行的路上历经千辛万苦，终于明白修行的目的，以及这个世间生、老、病、死的组成，他学会观照、自在，知道自己为什么会生为一个人。然后借由经意、佛法，毫不吝惜地，对我们倾诉他一生修行和顿悟之后的获得；而众生，则如同向邻人求教的农夫般，希望从中得到认清自己与这个世界的真理。

　　可惜，很多人也如同农夫一样，不曾用心倾听、观察，然后对照自己的思绪和所处的环境去思考。大家以为，只要"复制"相同的处世模式，一切都会顺利进行。甚至，有时会因为自己看不清楚一件事的全貌，就在原本清晰可见的道理上，加上自以为是的意见，结果事情不但没有更好，反而因为这些"修饰"，如同农夫一样，把原本大有可为的农地踩硬了。

　　其实，我们每个人都有属于自己的心灵之眼，也都有着求知的本能，希望能踏上最纯净的修行之路，只是

◎ 从心开始 ◎

因为受到太多执著和欲望的影响，反而什么都看不清楚了。

有一次我参加儿子的家长会，老师希望每个家长能上台致词，给学生一些启发。当时我问了大家一个问题："你们觉得外星人长什么样子？"

大家反应热烈，七嘴八舌地抢答："绿色长角的怪兽"、"有八个头，还有蹼"、"长得像棒球棍，但是会蹦蹦跳"、"是蛇啦！但是有大大的尾巴"……

然后，我又问了他们一个问题："为什么大家想的外星人，都是周围看得到的东西呢？"

绿色、角、头、蹼、棒球棍……每一样都是我们随处可见的东西，但外星人并不住在地球上，他们所拥有的东西也不会和我们相同，觉得他们长什么样子，其实只是我们一厢情愿的想法；我们的想象和词汇，也只能局限在周遭的事物上。人们受五官的限制之大，由此可见一斑。

◎ 从心开始 ◎

我问他们这些问题的目的，是希望年纪还小的他们，不要太执著于眼前或周遭的事物上，让人宝贵的灵性，因为外界的局限以及由此衍生出来的执著而磨灭。

其实，佛陀用他所得到的大智慧想告诉我们的，也是这个道理。

他希望我们能超脱在视觉、嗅觉、听觉、味觉、触觉这五感之外，用"心"去聆听他的经验，而不只是用身体去模仿他的修行路程。

几年前，哈佛大学有个科学家做了一个实验：他们让几个学生佩戴一副扭曲的眼镜七天，并把这些学生分成两组，其中一组可以随时拿下眼镜，另外一组则不能把眼镜拿下来。

刚开始的几天，这些学生都觉得自己快疯了，因为在他们眼前一切都扭曲了。只要一张开眼，就见到扭曲的脸、歪斜的道路与草木，他们无法判断究竟眼前的扭曲是真实或只是幻象；他们甚至无法思考，只觉得意识模糊、晕眩，有些人即使闭上眼睛也无法入睡。

于是能拿下眼镜的那组学生，在感到痛苦时纷纷拿下眼镜，等情绪恢复了再戴上，但是他们戴上眼镜的时间愈来愈少，而且每次一戴上就觉得更痛苦，到最后索性不再戴了。

反观不能把眼镜拿下的那组学生，当然同样也感到痛苦，但是过一段时间后，他们居然适应了。其实，眼镜并没有改变，但他们却不再看到扭曲的影像，因为他们知道了只要凝望后固定焦距，眼前的一切，就会与没戴扭曲的眼镜一样。

这位科学家说，他其实搞不清楚学生看到的景象是不是和他看到的一样，因为他没办法代替他们看；唯一可以确定的是，学生们都不再感到痛苦，那么无论他们戴不戴眼镜，都不会再遇到阻碍。

在修行的路上，佛陀就像那位科学家，他给我们一副眼镜，让我们认清欲望和尘世间的一切都是幻象。但人们开始接触时,有些人会觉得痛苦,因为一切都和我们原本想象或经历的不一样,于是人们心里开始起了质疑,因为质疑而取下眼镜,到最后,终究无法从这副眼镜中看到物象的真实面貌。

而那些持之以恒的人们,则能克服痛苦,无论有没有眼镜都没有差别,因为他们已经学会用心灵之眼观照自己、观照这个世界。

上天赋予我们心和思考能力,并不是要我们当只会发音却不识其字的鹦鹉,而是去明白所有字里面的意义,一旦你知道了、体悟了,无论你要不要说出来都没有差别,因为它已经属于你。

我们要谢谢悉达多,感谢他用一生去体验出这些道理。他用他的生命当学费,体悟出简洁有力的法门,并将之传承下来,让人们不用再费尽心思和体力去追寻。

◎ 从心开始 ◎

悉达多的药,不见得适合所有人

从前有一个老人,他有两个儿子,小儿子听不得人劝,年纪轻轻就离开家里在街上当流氓;大儿子则留在父亲身边努力工作,同时继承了父亲的农场。

有一天,小儿子突然出现了,他哭着向父亲忏悔,说知道自己的无知,他曾经伤害许多人,但现在愿意为他们付出,希望父亲能收留他。老人十分开心,吩咐大儿子开办筵席,欢迎小儿子回家,还说小儿子迷途知返,是天大的喜事和觉悟。

但这个时候,也有人开始为大儿子打抱不平,说小儿子这几年坏事做尽,却从没为家人做些什么,居然能得到父亲的大力赞扬;而大儿子几年来,跟在父亲身边

◎ 从心开始 ◎

任劳任怨，却没得到过父亲的一句称赞，这不是很不公平吗？

大儿子听完后只是笑了笑，说："我只是在做我想做的事；我的兄弟也只是做他想做的事，现在他发现自己想过的不是以往的生活，这不是很值得庆贺吗？父亲虽然没有给我一句口头上的赞扬，但他给了我他原本所拥有的一切，就已经是最好的认同，我甚至比我的兄弟，少花了好几年去寻觅想要的道路，这还有什么不公平的呢？"

我们每个人以各种样貌出生在这个世间，也带着不同的天性和心境，去经历人世间的一切。面对同样一件事，不会有两个人有完全一样的处理方式；同样一个情境，也不会有一模一样的感受。

佛陀虽然曾经说，每个人都患有疾病，佛法就是治病的药，在服用任何药的时候，如果只是看到药，或是

◎ 从心开始 ◎

只说出药物的名字是没有用的,我们必须服下它,才有可能把病给治好。但是同样一帖药,也不见得适合所有的人和病症。故事中的两兄弟,一个在历经困厄后终于醒悟;一个在安逸的环境下依然保持觉知,说的就是这个道理。

之前听说一件事,有一个高僧得了忧郁症,最后自杀了,死的时候,手上还抓着一本《金刚经》。同门子弟都觉得不可思议,因为这位高僧只因为不了解其中一句经义,日日夜夜思索却无解,由此衍生出牵连不断的烦恼无法解决,才会以这样的方式作为结束。

听一个学催眠的朋友说,一个人愈是说他不在意什么事,其实代表他愈压抑,一旦受到刺激,爆发出来的能量也愈大、愈不可测。

这位高僧虽然修行多年,终究还是参不破佛典的真意,也因为一心企求更上一层楼,才会在受到阻碍时受到更大的挫折。他就像是那个替大儿子抱不平的人,不

◎ 从心开始 ◎

明白每个人有不同的悟道法门，这个法门其实一直存在我们心里，是不假外求的，佛经既不是万灵丹也不是教科书，只是帮助我们更快觉醒的工具而已。

妻子有一个朋友是佛教的虔诚信徒，但在每个月按惯例应该茹素的日子，这个朋友却是荤食照吃，这个行为让很多同在一处修行的人看不过去，问他为什么不愿恪遵佛法教诲，问他修的是什么佛。

这个朋友只能无奈地说，佛教戒杀是因为觉得万物皆有灵性，只是因为牲畜会悲鸣、哀叫，人们感受强烈，所以将它们纳入戒杀的范围内；那么难道草木就没有知觉吗？修行并不是毫无体悟地照章遵行，重要的应该是心态。

很多人都觉得这朋友只是狡辩，但他也不再多说什么，依然按照自己的方式生活。

我始终认为在，修行的途中，我们不需要遵从某一种"方式"，因为你愈是遵从，就已经开始制造某种执

◎ 从心开始 ◎

著；当你开始执著的那一刻，就离佛法和开悟愈来愈远了……

姑且不论那位朋友说的是不是正确的，其实茹素本来就是心中一种恻隐之心的表现，是自己从内心发出的醒觉，那么又何必去管别人是不是也有这一份感悟，又何必强迫别人一定要这么做呢？

只是，现在有许多人只是为了不受到上苍的处罚，或只为了死后不下地狱，才去做这件事，那么吃素对他们而言，就只是一种便利的生活方式，和觉醒或成佛是沾不上边的。

古希腊的哲学家伊壁鸠鲁（Epicurus），自古就被称为"快乐主义者"，因为他认为唯一重要的事就是如何让人快乐地活着。他相信人只有在心灵得到安宁时才会快乐，但是因为"神"和"死亡"这两种未知事物的威胁，让人的内心一直无法感到宁静。

在人类的心中，无论哪一种神祇，都会随时看顾、监视人类，所以人们开始畏惧他，即使是一个从没做过坏事的人，也常怀戒慎敬畏的心理；而死亡更带给大家无比的恐惧。真的有地狱吗？真的有焚烧灵魂的烈火吗？真的有各种刑罚吗？人们随时都顾虑这些，所以无法安宁，快乐也就远离了。

其实，佛法讲求的道理，和伊壁鸠鲁的学说也有异曲同工之处。

佛法一直要我们杜绝七情六欲，不受世事俗务侵扰，不过是要我们保持安宁的心境，心灵就能因此得到真正的满足并成长。

悉达多用他自己的方式开悟了，他把自己开悟的过程流传下来，并不是要我们一步一步踏着他的足迹走；相反的，他告诉我们，成佛有万千法门，有多少人就有多少种成佛的可能。

悉达多告诉我们的药方，只是一种参考，我们必须先了解自己的体质，而后才可能重新配出最适合自己的

◎ 从心开始 ◎

药来。

重新审视自己吧！

这个世界上没有一成不变的道理，只有不想改变的人或想法。彻底地观照自己的过去、现在，找出原本就藏在身上的、最适合自己的成佛处方签。不要怪上天不给我们成佛的机会，而是要问自己，为什么不为自己创造机会？

◎ 从心开始 ◎

没有感冒，为何要吃感冒药？

有一次和朋友聚会时，大家讨论起一个很有趣的话题：在聚会时提到自己的职业，别人会有什么反应？

当律师的朋友说，他遇过的人总会要他的名片，以防有天遇到法律难题可以请教；当老师的人，则会遇到别人问他怎么教育自己的孩子；至于当医生的人呢？他说最好不要提起关于职业这个话题，因为他会不得安宁，不管身处任何环境，大家通常会开始问他："我这几天胃怪怪的，你能不能帮我看一下怎么回事？""我最近老是偏头痛，怎么办？""我已经失眠一个礼拜了，有没有什么方法可以治疗？"然后从这些基本的问题，又

◎ 从心开始 ◎

扩展到"中风该怎么预防?""心悸到底是怎么来的?"问题千百种,绝对不只拿张名片,或者问他怎么治疗自己及家人这么简单。

其实这是很正常的,因为人最关心的就是自己,自己的身体随时随地都在发生某些事,而我们的心也能在第一时间察觉到。矛盾的是,我们虽然能够察觉,却无法解读所有的信息,所以只要有机会,大家都想了解现在身体在告诉我们哪些事、现在身体内有哪些东西正在变化……

想要了解自己是一件好事,但有些人却矫枉过正了,即使自己或其他人没有病,还是要强迫自己或对方吃点药才安心。

之前曾经发生过一件事,有三个小孩受母亲虐待,但和一般案件不同的是,这位母亲的虐待并不是打骂小孩,而是过度的呵护关爱。

这三个小孩,在妈妈的眼中就是病人,十多年来,母亲一直认为他们患有长期失眠的症状，就这样带着他们到各大医院求诊，甚至求神拜佛。他们试过的药方不计其数，有次还因为同时吃下多种药物引发中毒。孩子们为此承受极大的压力，也觉得这样下去不是办法，但只要稍微不接受"关心"，母亲就会指责他们不孝、不珍惜自己的身体。于是，三个小孩只好继续任由妈妈摆布。

最后在接受医生治疗时，孩子才说出失眠的原因是因为妈妈晚上都会反复翻动、叫醒他们，以确定他们是否入睡，结果，他们当然无法好好睡觉。

医生说，这位母亲是患了"代理性佯病症"，孩子事实上并没有病，是她把自己对婚姻的挫败、不信任感，代偿在孩子身上，把孩子当成病人，同时也把自己的病症反应在孩子身上，才会有这些失常的举动。

对一般孩子来说，家长的关心，很多时候的确是成长的一帖良药，但如果像这位母亲一样，孩子明明没病，却硬要把药灌入他们体内，或是把自己的症状，投射在别人身上，恐怕就已经把良药变成毒药了。

其实，我们平时也常在不自觉中让这种情况发生。例如，我刚和妻子结识时，一直无法认同她早餐永远只有两片吐司、一杯牛奶，有次硬是拉她吃了一份我常吃的蛋饼，谁知才吃几口她就呕了一地，之后一整天，什么也不能下肚。后来才知道，她早上一碰油腻就反胃，是不忍心打消我的勃勃兴致，才硬着头皮陪我吃的。

还有一次，妻子感冒了，我想起之前还剩下一些感冒药，就拿给她吃了。十分钟不到，妻子全身就起了过敏红疹，最后还是跑了趟医院才解决。而且，妻子也不是得了和我一样的感冒，虽然症状看起来差不多，造成病因的病毒却大大不同。

你看，我觉得是人间美味的东西，妻子吃了却感到万般难受；能治好我感冒的药，却只增加了她的痛苦；而很多看起来一样的东西，背地里的组成却是不同的。

◎ 从心开始 ◎

我们总是试着将心比心，但事情往往不如我们所想的那么简单。

有一位修行者，满心慈爱，在路上看到有猛兽要吃掉其他生物，都会想办法去解救它。这天，他看到一只大鹰双脚夹带了一条蛇往天空去，便拿起小石子击中那只大鹰，大鹰受到惊吓，双脚松了，那蛇就跌落草丛中。

修行者正看着那蛇微笑时，尊者出现在他的面前，对他说，"那大鹰巢中有三只幼婴，失去这一顿饭恐怕要饿死了；而那条蛇现在则吞了好几只地鼠。你到底是救了谁，又伤了谁呢？你必须看清的并不是现在救了谁，而是要让自己的心境更开阔啊！"

修道者茫然了，原来自己一直以为对的事，竟大大扰乱了因果。

◎ 从心开始 ◎

世间尽是无常，而佛法这帖药，也是要看人服的。

据说，从前有一个包修佛道的人，自己前往山中修习，不过山林里有太多毒蛇，修行者不敢就地禅坐，就在树下架起高垫，铺设坐具以习禅定。但是他坐着坐着，却开始觉得无聊并打起瞌睡来。这时，尊者觉得应该帮他提起精神以修习，所以大声叫修行者的名字唤醒他。

可是修行者依然昏昏欲睡，尊者心念一闪，想到修行者害怕毒蛇，于是高声大叫："毒蛇来了！毒蛇来了！"修行人果然从睡梦中惊醒，并且小心翼翼寻找毒蛇的踪迹。

但是修行者怎么找也找不到毒蛇，最后，他很生气地问尊者："您身为尊者，怎么可以打妄语？"

尊者也不生气，只是借机告诫修行者："在你身中有四大毒蛇，日日夜夜不停啃蚀着你的法身慧命，你为何不自观身内的毒蛇,却要寻赶外面的毒蛇呢?"

修行者反躬自省,这才惭愧地想起自己因为害怕而筑高床,因为生气而怒骂尊者,这都是未能观照以及看透自我而来,如果没有尊者的教诲,恐怕他一辈子也不能发现自己的愚钝。

我们每个人在尘世中都有不同的病症,这些病症并不是外来的,而是从体内发生的。但是,我们往往搞不清楚,一有症状出现就认定是感冒了,于是随便服用一堆感冒药,结果只会愈吃愈糟。

佛法一直告诉我们,真正的药不假外求,如果不能先反观自身,知道自己是患了什么病,即使服再多名为佛法的药,恐怕也不会有好的一天。

◎ 从心开始 ◎

悉达多也曾犯过错

《商业周刊》封面曾经有过一个标题:"主管要感谢员工犯错。"

内文中提到,丰田汽车一家海外汽车装配工厂——国瑞汽车的经营模式。该公司为了鼓励员工们"发现"并"揭发"错误,设计了"警示灯管理",也就是在每位生产线员工身旁装设一个钮,如果员工在装配零件时发现有错误,就可以压下按钮,让装设在天花板的警示灯亮起。这样一来,就可以快速解决问题,而不是等到最后步骤才——检视之前的过程。

颇有名气的巨大机械(捷安特)也引进了这项机制,但这项措施刚执行的前三个月,灯从来也没亮过,看起来似乎是没有错误发生,但成品的生产效率依然没有提高。

巨大机械总经理罗祥安说,这只有两个可能,一是大家发现问题的能力太差,二是大家发现了问题,却不敢按下那个可能会让自己遭受异样眼光的钮。

终于在三个月后的某一天,广告牌警示灯亮了,原来是有一名员工误将不同规格的零件组装在一起,因为错误大到无法隐藏,只好自己招认了。

结果,罗祥安并没有处罚这位员工,反而向他致上谢意。这个举动,改变了大家对警示灯的看法,从此之后,员工开始迈入借由不断发现错误,进而改善机制的管理方式。

不过,这种模式并不表示放纵错误,对员工犯错致上谢意是为了找出问题的解决方案,并希望大家能达到不贰过,而不是无止境地允许错误持续下去。

看到这个真实故事时,我被它里面的一句话折服了:"错误,是成功的材料。"

◎ 从心开始 ◎

人是害怕犯错的，因为犯错可能招致处罚，甚至会显示自己的无能，所以人也往往会对错误视而不见，但是，要不是曾经犯错，又怎会学到新东西？

佛陀曾经对弟子们说过一个故事：

有一个国家的国王施行仁政，所以国内没有监狱，也没有刻意管制人民的刑罚，但是大家都会遵守规则，而且国家物资丰富，所以人民生活十分悠然快乐。

这个国家里面有一位德高望重的修行者，大家都很敬爱他。有一天，修行者在外行走时觉得口渴，就走到附近的水池中捧起水来喝。

但是喝完后，他突然想到，这水池是有主人的。他没有向人讨水，就在别人的池里取水喝，这样不是犯了偷盗戒吗？这样他将来会入地狱，还可能变成畜生……他愈想愈不安，于是来到国王面前，向国王说："国王啊！我未经允许就去喝别人的水，犯下偷盗罪，请您一定要处罚我。"

国王很无奈地告诉他:"水是上天的赐予,这根本无罪,我怎能处罚你?"

但修行者还是坚持,国王拗不过他,只得先请人带他到花园坐一下,等他有空再去和他详谈。于是修行者就被带到花园的角落里坐着。但因为国事太过繁忙,国王居然忘了这件事。六天后,国王突然想起这件事,"我叫那位修行者到花园去,他现在在哪里呢?"于是叫人去找。没想到修行者没有换过地方,六天六夜没吃、没喝、没动,在他被带到国王面前时,整个人已经脱水、昏倒了。

国王大惊失色,连忙请人将他治好,等他醒来,国王说:"这都是我的疏忽,我以国王的身份在你的面前求忏悔。"

修行者却摇头说:"我偷喝了一口水,在这里就是要等治罪的,怎能反过来要你忏悔呢?"

◎ 从心开始 ◎

国王说:"你因为喝了一口水就来求处罪,我有六天的时间没有给你饮食,这不就是很重的处罚了吗?"

修行者听完后,心就安了,欢天喜地地走了。

最后,佛陀对弟子说:"这位国王就是我的前生,因为我无意间的疏忽,让我生在人间发心修行时,有六年的时间处在饥饿中。我们都必须要好好面对此刻的遭遇,因为这都是今生所感受的果报和来生的因缘。我从这里学到,我们要体悟所有的困厄,不该去怨恨或视而不见。唯有这样,才能从错误中看到它想告诉我们的真理,渐渐除却因果循环。"

悉达多在成佛前,一样犯过错,因为知道自己犯过错,所以会更努力来戒除犯错时的心境和态度。佛陀从没说过犯错的人不能成佛,他强调的是不贰过。

在悉达多出家时,车匿是陪伴他修行的侍者,在悉达多究竟证悟、成为佛陀时,车匿也出家成为比丘。但他却自认和佛陀的关系非比寻常,而表现得十分顽固、骄傲。他认为,佛陀出家修行时,只有他一人随侍;但现在舍利弗和目连却自称是佛陀的大弟子,而且有权指导其他人,这不是很奇怪吗?所以,他经常诋毁这两个人。

当佛陀纠正他的行为时,他也总是阳奉阴违、我行我素。

最后,在佛陀入灭的前一夜,他把阿难尊者叫到床边来,要阿难尊者在他入灭后,叫所有的比丘都不要理睬车匿,也不要邀请他参与任何事。

佛陀入灭后,车匿领教到其他比丘对他的态度,开始后悔过去错误的言行举止,也认清自己种的恶果,因此向僧伽认错致歉。从此以后,他改变言行,并且在禅修时遵照指导,不久就证得阿罗汉果。

◎ 从心开始 ◎

佛陀只有在一个人屡劝不听时,才会用比较强硬的方法让对方发觉自己的错,然后从这个错误中发现自己的盲点。

我们要先认识犯错的本质,才不会害怕承认错误。佛法是两千多年前悉达多太子的觉悟过程,他看透了错误其实是让我们成长的生长剂,他也教我们不要逆自然之道而行。当我们犯错时,不需要生责怪、挫折之心,而是要把握当下,把这个错误变成让自己驶向正确道路的指针。

◎ 从心开始 ◎

佛，只是个无法定义的名词

有一次在对儿子讲佛经故事时，儿子突然问我："为什么大家会称佛陀为佛陀呢？他的本名不是叫悉达多吗？"

"这就跟菩萨一样，只是一个形容他的尊称。佛陀这个名词指的是'证悟宇宙真理，解脱一切烦恼的人'；也就是说，他能把世界上的一切看得清楚，也不再因为生、老、病、死而困惑烦恼。更重要的是，他不但能明白烦恼、烦恼的起源，把烦恼去掉，还可以指引大家达到这种境界喔！"

我不知道他的小脑袋是不是真的能理解，但他突然接了一句："那佛陀不就不止一个了吗？"

◎ 从心开始 ◎

我怔了一下,然后笑着拍拍他的头:"对啊,佛陀的确不止一个。"

儿子的问题,让我想起,有一阵子父亲住院,由于他年纪大、脾气大,说话又不清晰,有些护士实在没耐心,脾气也就跟着大起来,听说我们不在的时候,全赖一位当义工的修女在旁"翻译",安抚父亲和护士的情绪。

这个消息,其实是邻床的家属告诉我们的。有次和妻子商量,想买点谢礼给修女,也找到她了,修女却坚持不收,说她只是希望大家都能平平安安、快快乐乐的,她很荣幸能帮上忙,而大家给她的微笑,也就是她所得到最好的谢礼了。

我很佩服她这种安详的心态,细谈之下才知道,她远从西班牙过来,在台湾已经定居十多年,平时在安养院协助老人家起居,偶尔抽空到医院当义工,她也没有什么大抱负,就只是希望能不违背自己助人的心念,一

◎ 从心开始 ◎

辈子这样过下去。

她说得平平淡淡,我却觉得,在她心里有无限温暖的光辉照耀着,让人不自觉被这股安详所吸引。我相信对教养院或医院中的病人、护士来说,这位修女就是他们心中的佛,因为她能为大家消除烦恼,给大家新的体悟和希望。

一九七九年得到诺贝尔和平奖的德蕾莎修女,也是以这种大爱遗赠人间。

除了照顾贫穷、弱势的人们,她更专注于为那些快要死亡的穷人服务。她会去接回那些被遗弃在水沟旁、垃圾堆、马路边奄奄一息的人们,让他们在生命的最后一程能得到最适当的照顾,她并没有给他们钱或精致的享受,而是让这些可怜的人得到温暖和安慰。她给了这些人应有的爱和身为一个人的尊严。

据说在她照顾下死去的人们都带着笑容,这些人完全忘了之前遭受的苦痛,他们感受到德蕾莎修女安详而

◎ 从心开始 ◎

温暖的光芒,心满意足地离开这个世界。

之前新闻也曾经报道,有一间中药行,已经有一百二十年的历史,由于老祖先有明训,为穷苦人家看病不许收钱,后代子孙也就一直把卖中药当成良心事业在经营。虽然收入不多,但老板一家人却不觉得苦,因为每送出一份药,就能治好一个人,何乐而不为?

当我们帮助人的时候,要知道我们并不是在帮助人,或为了得到利益,而是顺着内心与生俱来的自然需求,我们非但没有失去,还得到更多。

雨果(Victor Hugo)在《悲惨世界》里写过:"我们给人的欢乐,有一个动人的力量,它不像一般的反光总是弱于光源,相反地,它回到我们身上的时候,反而会更加的辉煌灿烂。"这更加辉煌灿烂的光,并不是任何实质上的物品、金钱或物质,而是全心的感谢,以及烦恼被拔除后的轻松自在。

其实,只要仔细观察就会发现,在我们的身边,佛

◎ 从心开始 ◎

无所不在。甚至，我们自己也都是佛。

下面讲一个故事。

有个小偷想接触佛教，他找到一位叫做龙树的师父，他问龙树："我想知道自己有没有顿悟的可能。不过我要先告诉你，我是一个小偷，请别叫我不去当小偷，因为我真的戒不掉，我想这就是我的命运。之前我也拜过几位师父，但他们对我说的第一件事就是'你必须先纠正自己的窃盗行为'，我觉得厌恶，因为他们不了解我的苦处。"

龙树说："我有和你谈到任何当小偷的事吗？你之前去找的人必定都是小偷，否则他们何必如此介意，以一种过来人的心态告诫你呢？"

小偷听了十分开心，高高兴兴地拜了龙树为师。

而龙树果然不负小偷的期望，他教导的第一件事是："你可以去做任何想做的事，但唯一要遵守的是

◎ 从心开始 ◎

'保持觉知',无论你在做什么。"

小偷答应了他。

几天后,小偷又回来找龙树,他满脸苦恼:"师父,我发现一件很糟糕的事,当我保持觉知的时候,无法偷别人的东西;如果我偷的话,就表示我没有保持觉知了。

"我前天好不容易进入一户有钱人家的房子,但在我保持觉知的时候,我的欲望消失了,金钱、钻石在我眼中只是一些石头和碳化的东西,我如果拿了这些东西,不是很愚昧吗?但当我失去觉知的时候,它们又变回金银珠宝,美丽的幻象又回来了……"

龙树说:"我完全不在意你是不是要偷东西,而是你必须做一个决定,看你想不想拥有自己的意识,保持觉知。"

小偷皱起眉,又舒缓,反复了好几次,最后他说:"我在保持觉知的时候,觉得自己像个佛,没有烦恼也没有痛苦,这个体验很美好,我想,那些幻象并不值得我失去意识。"

佛并没有一个具象的、可以下定义的名词。在我们保持觉知,知道自己正在做些什么、想些什么,看清眼前的一切是什么的时候,烦恼和痛苦就不在了。

我们之所以觉得无法开悟,无法成佛,都是因为欲望太多、幻象太多,这些其实都是烦恼的根源。所以,当我们执著于一样东西时,应该要试着保持觉知,认清它的本质,然后,我们都会发现,原来世间的一切本无差别,只要心开脱了,在这一刻、这个当下,我们每一个人,都是佛。

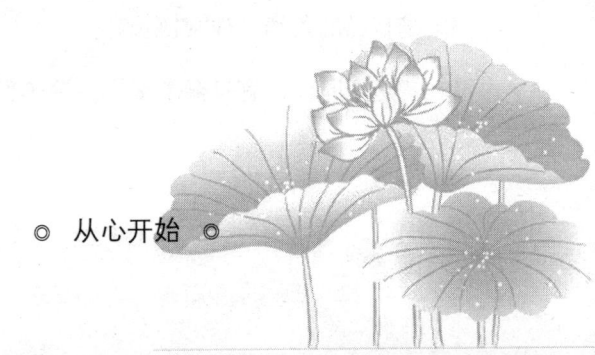

◎ 从心开始 ◎

学佛陀，但不要想成为悉达多

看到一则寓言：有一只羚羊，因为看到大象有着长长的鼻子，可以从树上卷下叶子来吃，还可以用长鼻子汲水冲凉，心中十分羡慕，于是向上天祈求，希望自己也能有一条长鼻子。

天神答应了，但要羚羊拿一样东西来交换，羚羊想了一下，决定牺牲自己头上的角，"反正这角也只能拿来和同伴玩闹，一点用处也没有。"

交换到自己想要的东西后，羚羊很兴奋，马上向同伴展示自己的新装备。同伴们看到都很讶异，看到长鼻子的方便功能，加上这只羚羊的鼓吹，有一些羚羊也决定拿自己的角和天神交换长鼻子。

这个时候，有只狮子来了，羚羊们看到狮子立刻拔腿就跑，但那些交换了鼻子的羚羊，不停地被长鼻子绊倒，无法快速脱逃，加上头上的角也没了，连保护自己的最后一点希望也消失了，只能成为狮子口中的大餐。

日常生活中，我们总是有一些想追求的东西，也有一些东西会被我们不经意地放弃，或是轻易受他人影响，以致人云亦云……只是，这样对自己真的好吗？这样真的走对路了吗？

另外有一个故事说，从前有一个人失去了双腿，除了阴暗的房间哪里也不能去。一天，有个没有眼睛的鬼来到他面前，问他："我可以给你一双腿，但你必须用眼睛和我交换。"

这个人想了想，"如果没了眼睛，我即便有了双腿又如何？我坐在这里，至少还看得到这方寸之地，如果没了眼睛，无论到哪里都像在黑暗中啊！"

鬼听了很失望，因为他当初也是这样的一个人，同

◎ 从心开始 ◎

样也有个鬼向他提出这个要求,他当下不假思索就答应了,换来的却是比失去双腿更大的痛苦啊!

我认识很多人,为了修行,不惜放弃事业、放弃家庭,最后往往因为心放不下,修行没有成果,事业和家庭也无法像以前那么圆满,到最后只能自己一个人抑郁度日,即使不用再为身外之物而烦恼,但心中的不甘和不舍,反而让他离佛法更远了。

如果大家有印象,应该都记得在伊索寓言中有一则故事。

有一只乡下老鼠有次请城市老鼠到家里做客,结果城市老鼠怎么样也过不惯乡下的生活,总觉得猫又多,食物又粗糙,于是不停鼓动乡下老鼠到城市居住算了。

乡下老鼠听着也有点心动,便找个时间到城市老鼠家做客去了。

城市老鼠家里果然是窗明几净,而且到处是精致美味的食物，但还是有那么一些缺点，比如说城市老鼠不能在白天出门，吃东西也得提心吊胆的，生怕被人发现，有时候食物上还会封了奇怪的东西，让他们一口也吃不到，过不了多久，乡下老鼠觉得自己还是回到乡下算了，城市的食物虽然好吃，但他更渴望闲适的生活。

这两只老鼠都觉得对方的环境和生活不好，但对方却都甘之如饴，这是因为，我们每个人都有适合自己的生活方式和环境，何必要强迫自己或别人到一个不适合的环境呢？

追求佛法也是这样的。我那些修行的朋友，有时候会因为在不同的地方修行，或遇到不同的师父，对经义的解释难免有些出入，但朋友却常常为这一两句解释争得面红耳赤，把平时修的戒贪、戒瞋、戒痴全丢到一旁去了。

另外，也有一些朋友只相信自己信奉的法师所说的

◎ 从心开始 ◎

佛法，觉得其他人说的都是穿凿附会，都不可信。其实佛法原本是要我们放下执著的，但他们反而因为没有把佛法讲透，而变得更主观、执著了。

迻译多部经典的机群法师，曾经对这种现象提出一些见解。

随着学术界愈来愈发达，机群法师发现，最近出现一些对佛教经典不同的看法，比如说"大乘经典是不是佛陀说的？"这类争议，也引起了很多人在信念上产生动摇。

其实，佛法在数千年的流传中，大家不免因自身对佛法的理解，对佛法进行阐释及发扬，于是自古的经教典籍，也就存在了各种不同版本的诠释。而这些版本，不管是不是佛陀一字一句说的，意义是不是佛陀一开始想阐述的，只要符合宇宙人生的自然真理，无论是谁说的，都是佛法，并不一定非要是佛陀说的，才是真正的道理，不是吗？

◎ 从心开始 ◎

佛典中有这么一则故事：

从前，有一个年轻人名叫坚众，长期修佛。有一天他独自想着："要怎么样才能获得真正的无上道呢？又该怎么做，才能修行成佛？"

正当他苦思之际，天上忽然传来一阵声音："如来曾经在这个世上开演无上妙法，只可惜现在如来已经入灭了……"坚众一开始听到如来出世说法，先是欢喜振奋；但听到如来已经入灭，不禁又觉得悲伤。

这时，天上的声音再度响起："坚众啊！为什么你会欢欣雀跃，又为何忧悲苦恼呢？"

"我欢喜，是因为听到有佛出世说法；我悲伤，是因为佛陀已经入灭了。"

"其实你何必忧伤？佛陀在入灭前，已将大法传给百亿位法师，从这些法师身上，都可以见证佛性啊！"

◎ 从心开始 ◎

可不是吗？佛典中并没有要我们只遵循一本书或一个人，因为所有的书和话语，都只是传述佛法的工具而已，这百亿位法师又会将佛法传承给百亿个人，他们所传的法当然不会完全相同，却都是以佛陀的法为基础，加入自己毕生的体悟。这些话虽然不全是佛陀说的，却隐含着更多人的顿悟和智慧。

这个世界上有多少人，就有多少个成佛的法门，佛陀一直这样告诉我们。

我们不需要踩着悉达多的脚印来成就自己，我们要追随的并不是佛陀这个人格，而是悉达多追求顿悟的佛心与佛性。

师法悉达多，走自己的修行路吧！佛法是开阔而无限的，只要时时保持觉知，时时观照自己，你身上的佛的种子，就会发芽、茁壮。

◎ 从心开始 ◎